影响现代中国的人物

邢小群／著

郭沫若的30个细节

陕西人民出版社
陕西新华出版传媒集团

图书在版编目（CIP）数据

郭沫若的30个细节 / 刑小群著 . —— 西安：陕西人民出版社，2013（2016.5重印）
（可以触摸的民国）
ISBN 978-7-224-10495-0
Ⅰ . ①郭… Ⅱ . ①刑… Ⅲ . ①郭沫若（1892～1978）—人物研究
Ⅳ . ① K825.6
中国版本图书馆CIP数据核字（2013）第 009285 号

郭沫若的30个细节
刑小群　著

出 品 人： 惠西平
总 策 划： 宋亚萍
策划编辑： 李向晨　关　谊
责任编辑： 关　谊　李向晨
装帧设计： 高洪亮　姚立华

出版发行	陕西新华出版传媒集团　陕西人民出版社
	（西安市北大街 147 号　邮编：710003）
印　　刷	北京力信诚印刷有限公司
开　　本	710mm×1000mm　1/16
印　　张	14.25
字　　数	150 千字
版 印 次	2013 年 5 月第 1 版　2016 年 5 月第 2 次印刷
书　　号	ISBN 978-7-224-10495-0
定　　价	29.80 元

版权所有·侵权必究
投稿邮箱 bwcq@163.com
发货电话 010-88203378

不可不读民国人

清王朝灭亡，帝制变成了共和。民国成立。这并不意味着中国人从此不跪而立。原因简单，中国人心里的"王道""祖宗成法"岂是重新挂一个牌子就能改掉的。自康梁以降，"变法"是那个时代最热门的精英语汇，跟我们现在讲的"改革"本质上没有什么不同。所谓仁人志士，无论保皇的还是革命的，最明白的就是，这两千年大一统、崇古泥古的泱泱大国，不变即亡。

变法何其难也！自宋明理学登上社会意识形态金字塔尖，"存天理灭人欲"成为金科玉律，须臾不可违背。女真统治者照单全收，变本加厉，无论GDP是不是真的占了全球四分之一，中国人继续按千年道德名教墨守陈规是必需的。没有技术进步，没有商业蓬勃，没有企业、机器大生产，宗教不可能与政权平起平坐，更别提科学与民主的启蒙了。这就是一个好古拒变的大国遭遇近代西方文明后一触即溃的根源。

大梦谁先觉？民国人，准确地说是那些受到良好教育、具备相当智识的精英们，对这样的危机痛入骨髓。这些民国牛人的共同之处至少有以下三处：

一、使命感。从严复到谭嗣同、康梁、陈独秀、胡适和鲁迅，从同盟会到国共两党，从张大千到徐悲鸿，从詹天佑到翁文灏，这些人的使命感都不是与生俱来的，反过来说，与生俱来的恰恰是那些顽固的保守主义者、皇家儒门的既得利益者。使命感来自向西方学习后对中国文化的思考。他们学会了一个词——真理（须知言论自由，只是平实地说话求真理——严复）。这个词来自于西方，英文即truth，本身就有事实的意思。近千年来，"理"戴上"天理"高大上的帽子，变成了中国人说一套做一套最有用的挡箭牌，只要大旗不倒，任凭旗杆下面男盗女娼。因此，推倒"理学"成为首要任务，"理"前带一"真"字，内涵全出。他们强调开民智，求独立，创富强，皆以真理为指针，当主义沿街叫卖、网罗党羽的时候，也须以真理开腔。当真理成为众望所归，使命即为应有之义。

二、本色、自由。由陈丹青先生首度混搭，"民国范儿"让颇有点儿鄙俗的北京土话引发了潮流。这个词绘声绘色，色香味俱全。民国人是什么"范儿"，是贵族精神吗？刘再复总结的四点：自尊精神、讲求原则、保持低调、淡泊名利，这些都有，但似乎说得抽象了。从形式上来说，穿衣打扮，西式与中式互不干涉，新与旧相得益彰，没有谁看谁不顺眼的；生活上，除了抱拳、作揖等等中式动作，还包括气宇轩昂、自信满满的仪态万方，即使香烟广告上的美女姿势也十分从容雅致，全不见低俗媚态；语言上，文气十足慢条斯理，避开俚语俗话，这点现在在台湾街头里弄仍不难体会。至于凡事有规矩，什么场合如何言行，更是自小的教育，必不可少。优雅是那个时代的时尚，比之当下国外不断诟病的中国式粗俗，真好像不是一国人似的。再说个人气质，自由主义、保守主义、马克思主义，都是知识界的时髦，既能看到徐志摩式的温和潇洒，也能看到闻一多式的感性甚至极端，而齐白石却坚守田园秉性，以朴实无华征服了大众。民国人物们各具人格魅力和风格做派，一生本色出演，没有谁刻意为之。身居国民政府监察院长的于右任，光头长须布袍，一辈子操着一口纯正的陕西话，现在若碰上，你相信他是国级干部？可叹一个混乱危机的时代，恰给个人挥洒自由的空间，任性不靠银钱。

三、行动力。"三千年未有之大变局"自19世纪开始，到现在还是一个正在进行时。民国结束了治乱相替的千年史，华族这个"早熟的聪明孩子"头大身子小。为了打得过列强，肌肉筋骨必得迅速膨胀，为了更新智慧，必得满盘拿来，生吞活剥，哪怕消化不良。时代的进步必付出行动的勇气而不是瞻前顾后，这点从王阳明的知行合一开始，着重点是行不再是知，心学从来都是小众的茶话会，而竭力避武平乱却是先生最有说服力的政绩。朱熹们只说不练，中国人不进化只等退化。梁启超一边疾呼只许接受不许批评是中古精神而不是现代准则，一边身先士卒率众商议变法。而詹天佑一条人字铁路的成功赛过工程师再多的惊世之语。联想当代摸石头过河论的巨大推动作用，更加说明站在全世界最强大的保守主义的土壤上，做比说要重要。

自民国之后，中国人严重自我怀疑自我否定，姿势怎么摆都怕别扭。变革的力量与保守的力量缠斗，儒家作为守旧势力的基地被发起"斩首行动"。然而面对自西方而来的种种，理性、科学、民主这些现代世界的"重型武器"，人物们既兴奋又惊恐。很多人从一个主义跳到另一个主义，眼下的"是"迅疾反目为"非"，从中激进到西，晚年又遁回道统，让人无法片刻将息。20世纪是一个野蛮生长的时代，每一天都充满刺激，每一天个人的"变"与时代、国家的"变"相互角逐。

翻过20世纪的中下叶，我们终于狠狠地抛开传统之国，向现代之国疾步行进。不可否认的是，从承上启下来说，了解中国传统社会文化也仅剩下民国一途。此言不赘。

因变，可爱；因变，可歌；因变，可叹。欲了解那个"逆天"的雄奇时代，亦唯有阅读民国人物们的心路历程一途。以此作为丛书《影响现代中国的人物》的题识，或许也正合其意，读者有眼。

李向晨

2015.3

编者的话

民国相关选题的出版,曾经是敏感的。那一度被僵化思维固锁住的,是太多面目模糊的身影。他们长袍马褂、旗袍绣履,那光影婆娑的身姿,一旦跃入脑际,就难再轻易离去。这也是近年来不管是影视还是图书,都出现了一股民国热的因缘。

有关民国的话题,似乎隐藏着一种魔力。那种潜游在净空深处的味道,从历史的不远处,静静地向我们移来。我们无法抵抗这种黑白质感的诱惑。然而,太多的民国是演绎的产品、是虚构的华章,民国真实的样子不应仅仅从名人、类名人的塑造中诞出,不应仅仅在华丽炫耀的镜头感里展示。民国绝不是"万恶的旧世界",也不是"消失的亚特兰蒂斯",她是我们的先人曾经在纠结中不断尝试和追索的第一次现代,是灿若星辰的文化人第一次放胆展示自我。同时,传统与现代的角力,保守与开放的争夺,西学与中学的通融,专制与民权的恶斗,极度的聪明和极度的愚蠢,极度的崇高和极度的可笑,都在这个时代充分表演,并给后人埋下了种子。所以我们的关注,不只是行注目礼,更是寻求还原,寻求真实,不管热血与极端,也不管沉郁与凉薄,这既是叙述对象的真实,也是原作者的真实。

《可以触摸的民国》系列丛书,我们计划分成几个子系列构建,目前即将出版的有:《可以触摸的民国·现场》《可以触摸的民国·侧影》《可以触摸的民国·细看》以及《可以触摸的民国·新学》。

《现场》板块,由南京财经大学的石钟扬教授执行主编,首选了四本:"报界奇才"、中国新闻史上第一个专职记者黄远生的新闻文选;中国新闻教育与研究的先驱、"铁肩辣手"的杰出记者邵飘萍的新闻文选;"思想界明星"、五四新文化运动精神领袖陈独秀所主编《新青年》《每周评论》中的新闻与时评选集;"五四三圣"之一、"再造文明"的设计师胡适的时评选。这四位报人(无论专职或兼职的)都是学者型的,都曾为民主为言论自由历尽艰辛,饱经磨难,透过这些依旧在燃烧的文字,可以触摸到他们滚烫的热血。

《侧影》板块,由我们编辑部操刀策划,编选民国著名学者、文人的文字,希冀觅得特殊视角,给读者一个陌生化的全新印象。譬如,傅斯年不仅是儒雅严谨的学者,我们编选的《现实政治》更展示出他对时事的敏感与睿智;徐志摩的《再来跑一趟野马》,集中其相关政论问题的文章,发现一个敏感政治、关心国家的徐志摩;朱自清的《人话》,选取他回忆性的散文篇目,串联起他的一生,搭建出朱自清的

"忆之路"。

《细看》板块，则是结构别致的人物传记类原创性文本。回避宏大叙事的框架限制，省略过渡、延续的平淡，截取他(她)人生的一个个断面，或熠熠生辉，或苦痛难当，从一个个鲜活生动的细节出发，去触摸他们灵魂深处的颤抖，如《萧红的100个细节》《郭沫若的30个细节》等。

《新学》板块，作者皆为民国文史研究领域的青年学者，对民国的态度有其自成体系、自圆其说的创新，如《民国元年——历史与文学中的日常生活》，选取这样被反复述说的特殊年份，却回避了政治，只看那剧变之下惶惑迟缓而跃跃欲试的百姓生活，对当下社会现状亦不乏启迪。

因为民国版图书的出版年代所限，文字中不少具体的用法，比如其中《人话》一篇中"您少爷在那儿上学?"的"那儿"、《春晖的一月》一篇中"我最爱桥上的阑干"的"阑干"，又或者《买书》一篇中"不知那儿检来《文心雕龙》的名字"的"检"字等，在现在的汉语环境中已经有了不同的用法，但为了尊重民国时代的真实性，以及作者自主创作的主权性，我们没有进行任何擅改。脚注部分属选本中自有的，我们尊重并保留。为了更好地满足读者的阅读需要，编辑也针对具体的、可能有助读者理解的部分，增添了一部分注解。

3

作为编者,请允许我们向胡适、朱自清、徐志摩、傅斯年们致意。让我们一起从他们的文字上感知陌生而久违的率真、趣味和正直,倾听他们告诉我们知识人应该怎样读书、怎样生活,怎样用自己的脑子思考形而上的问题。无论侧影,还是正面,在煌煌民国的文化殿堂前,我们都该收敛起自己虚张的声势,勇于正视那逼人的光焰。我们撩拨出的民国文字中的独特味道,是想与读者分享先生们带给我们的温暖与感动。请惠存我们的好意,同时宽恕我们的浅识。

序

何兆武

这本书是一部郭沫若的评传。郭沫若在当代文学史和文化史上的地位当属于超级巨人行列,继鲁迅之后一人而已。有关郭沫若的评传,无论是专著还是单篇文章,多年来已为数甚多。本书既能钩玄提要地刻画出一代文化巨人兼政治活动家的一生事迹、功业和他的思想面貌,又能实事求是,要言不烦,足见作者的史学与史才。本书不仅是缕述史事而已,且始终贯穿着深刻的洞见与论断。能不为贤者讳,不失公正与客观,足见作者的史德与史识。在诸多有关郭氏的论著中,这本书是我看到的最为可读的一种,当可成为传世之作。

目 录
CONTENTS

故乡 · 001
少年 · 004
第一次婚姻 · 010
安娜 · 015
《女神》 · 023
创造社 · 034
走近马克思 · 047
《请看今日之蒋介石》 · 051
和鲁迅的恩怨 · 056
甲骨文与古史研究 · 061
于立群 · 069
第三厅 · 072
秘密党员和党喇叭 · 086
五十大寿 · 093
历史剧 · 100
甲申三百年祭 · 111
校场口事件 · 122

和毛泽东的诗交 · 127

开国 · 136

武训风波 · 138

批判胡适派 · 143

《百花齐放》 · 153

《红旗歌谣》 · 158

"文革"第一波 · 166

郭世英之死 · 174

水调歌头 · 177

《李白与杜甫》 · 182

最后的考古 · 186

孔夫子和秦始皇 · 191

灰撒大寨 · 197

结束语 · 204

参考文献 · 207

故乡

郭沫若的家乡人形容自己的乡土子弟常爱用"绥山毓秀，沫水钟灵"。这绥山是指峨眉山横亘着的第二峰，沫水便是大渡河。这样说，真是文气得很。面对这等黛绿苍茫的山峦，这等湍急野性的河流，那渗透于血液与性情的会是怎样一种生命呢？

郭沫若的故乡在大渡河西南岸的沙湾镇。沙湾位于峨眉山下、大渡河畔，在今乐山县境内。这小镇并非因出了郭沫若才有名气，而是先前就很出名，原因是常年和官府闹事的土匪大多出自大渡河，而大渡河的土匪头领大多出在沙湾。

1892年11月16日,郭沫若出生在这里。他属龙,原名开贞,号尚武。"沫若"是他在日本留学时最早使用的一个笔名,取自沫水和若水两条河流的名称

郭沫若说,土匪尽管很多,但生在大渡河的人并不觉得他们怎样可怕。因为他们虽然"凶横",明火抢劫,却在本乡15里之内绝不生事。

郭沫若的父亲曾做过云土(鸦片)生意,常派人到云南采办。有一次,在离家30里的地方遭了抢劫。挑脚人逃散,只剩下采办人回来。事出后第二天清晨,郭家打开大门的时候,被抢劫的云土原样放在门口。还附有一张字条,意思是:得罪了,原以为是外商的东西,现将原物归还原主。兔子不吃窝边草。"凶人"的"人性味"也都留在了家乡故里,乡里之间,自然也就相安无事。

也就是在这样一个土匪的巢穴里面,1892年的阴历九月二十七日,郭沫若出生了。传说他是脚先下地。他说:"这大约是我的一生成为了叛逆者的第一步。"母亲还说她受胎的时候,梦见一头小豹

子突然咬了她的手，便被惊醒。所以给郭沫若起的乳名叫"文豹"，因为大排行第八，又叫"八儿"。豹子"灵"而"猛"，"文"字也许寄寓了大人的某种期望。这个生性极不安分的孩子，后来确实干起了文化事业。

郭沫若学名开贞，号尚武；后来的笔名叫沫若，取自故乡的两条河流——沫水和若水。沫水即大渡河，若水即青衣江。青衣江古代又称平羌江，是当地一条有名的江流。有人考证，李白的诗句"峨眉山月半轮秋，影入平羌江水流"，写的就是这里。我去过乐山，瞻仰过那里依山临江、顶天立地的大佛。大渡河和青衣江在大佛前不远处合拢，形成大佛的汪洋之襟。大渡河在铁索横贯的山峡中汹涌咆哮，只有到了大佛之襟处才徐缓祥和起来。

郭沫若就生长在这片水土之上。这里的山水风情，给了他激烈不羁的反叛情绪，也给了他恣肆俊逸的诗情。后来他的性情变了很多，不知是否和他远离这片水土的滋润有关。

人是深不可测的，和大自然的深不可测一样。

少年

郭沫若的祖先，是背着两个麻布袋从福建汀州宁化移入四川，慢慢地在大渡河的这片弯曲处发迹的。到郭沫若记事时，家里也算是一个中等地主了。郭沫若的父亲郭朝沛13岁便去学徒，因为家里已没有供他上学的费用。郭朝沛青年时候做生意很有办法，什么生意都做过，酿酒、榨油、卖鸦片烟、兑换银钱、粜纳五谷等等，居然使家业在自己的手里恢复起来。他还懂得一些医道，能开单方，据说"灵效如神"，是乡里很有些威望的"能人"。

郭沫若回忆："父亲给我的印象是很阴郁的，愁苦的。在我已有记忆的时候，我觉得他已经是满脸的愁容。"他从父亲的愁容中得到的多是"存厚"，少有商人的"精诡"。

郭沫若的父亲因为早年失学，所以对儿辈的教育很费心思，在郭沫若出世前六年，他就请颇有名望的廪生来家中开设绥山山馆执教。郭沫若4岁半时，自己要求发蒙读书。他自幼受母亲杜邀贞的影响，喜欢诗歌。外祖父原在贵州黄平州做州官。就在杜邀贞1岁时，遇到苗民"造反"，因为城池失守，外祖父母自杀殉节。杜邀贞由奶妈救出，逃到四川乐山杜家场，15岁嫁到郭家。郭沫若说："和父亲的风貌正成反照的是我的母亲。母亲给我的印象是开明的，乐观的。母亲从没读过书，可单凭耳濡目染，也识得一些字，且能默记许多唐宋诗词。"母亲教他的"翩翩少年郎，骑马上学堂。先生嫌我小，肚内有文章"，对他颇有吸引力。他说："我之所以倾向诗歌和艺术，首先给予了我以决定影响的就是我母亲。"当他还在牙牙学语的时候，母亲就已教他背诵了许多唐宋诗。"但入了学堂，感觉却不像歌谣中说的那么快乐了。入塾尚无三日，他就逃起学来，让人笑称"逃学狗"。逃出后，再由父亲抱回学堂。家塾的规矩是，白日读经，晚来读诗。比起白日为读经书手掌被打出血，脑袋被打出包块，经常罚站、罚跪，晚上读诗便是享乐。郭沫若说他自小喜欢王维、孟浩然、李白、柳宗元，不甚喜欢杜甫，更痛恨韩退之。他后来赋诗、对句出口成章，与私塾时受的"诗刑"有关系。那"诗的刑罚"，便是让还没有多少生活、风物感觉的孩子天天作对子。他说："这东西真把我苦够了。我发蒙两三年之后，先生便要教我作对子，起初是两个字，渐渐作到五个字，又渐渐作到七个字以上。""但这些工作的准备，即读诗，学平仄四声之类，动手尤其早，自五岁发蒙所读的《三字经》《唐诗正义》《诗品》之类起,至后来的《诗经》《唐诗三百首》《千家诗》之类止,都要算基本工作。"

传说,有一次郭沫若和同学偷吃了庙里的桃子,事发,先生追问,无人承认。于是私塾先生出了一个对子的上联:"昨日偷桃钻狗洞,不知是谁",并说,谁对上了,免罚。郭沫若对曰:"他年攀桂步蟾宫,必定是我。"老师喜其才,免除了对全体学生的责罚。另一则故事:一年中秋节,家里让郭沫若给老师去送节礼钱,郭沫若把钱花了。先生暗想,郭家过去从不失礼,这次怎么没有送,就出了句对子责问:"竹本无心,遇节岂能空过?"郭沫若听出了弦外之音,对曰:"松原有子,过时尽是干包。"意思是我家原有备礼,不过被我用了,好像掉了子的松包,空空如也了。这传说是真是伪并不重要,但老师出句之雍容,学生回答之机灵,倒像郭沫若自述中一些童年的情景。

有一首五言律诗《村居即景》,据说是现今发现的郭沫若最早的诗歌。诗是这样的:

闲居无所事,散步宅前田。
屋角炊烟起,山腰浓雾眠。
牧童横竹笛,村媪卖花钿。
野鸟相呼急,双双浴水边。[①]

对仗很工整,音韵也和谐。当时郭沫若12岁。

[①] 龚济民、方仁念:《郭沫若传》,第8页,北京十月文艺出版社,1991年。

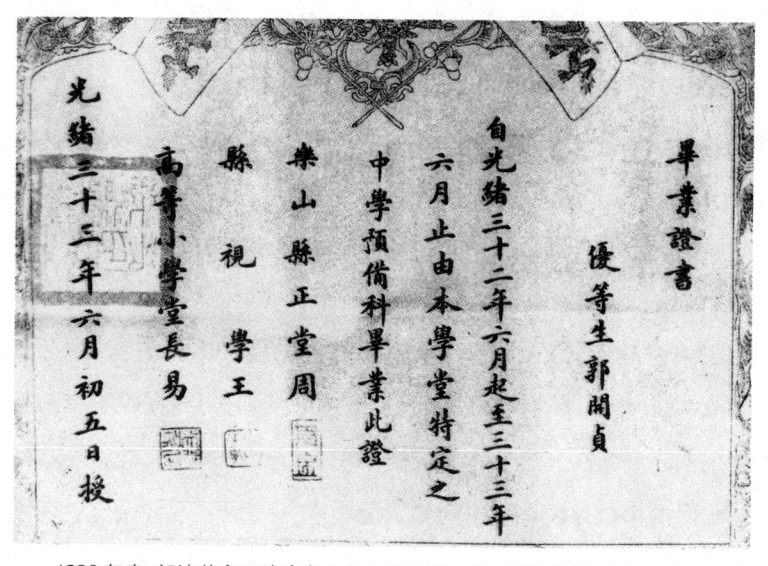

1906年春，郭沫若离开沙湾考入乐山县高等小学。图为学校1907年6月颁发的毕业证书

有一点也值得注意，他对经学（《易经》《书经》《周礼》《春秋》《古文观止》）和古籍学问，及抄写《说文部首》，读段玉裁的《群经音韵谱》，尽管不感兴趣，可都在少年时打下了扎实的底子。当然给他印象深的还是："我们一面读《左氏春秋》，一面就读《东莱博议》（宋吕祖谦著，又称《东莱左氏博议》。该书以《左传》所记某些史实为题加以评论，是旧时初学写文章的入门书）。两者的文章都比较好懂，而且也能发明。这真是给予了我很大启发。我的好议论的脾气，好做翻案文章的脾气，或者就是从这儿养成的罢？"所以他1927年逃亡日本时，便能很快进入《易经》、《尚书》、甲骨文研究，写出不少著作。郭沫若还很感激他的发蒙老师沈焕章。他说，尽管沈打过他，但"不是他要打我们，是当时的社会要他打我们的"，他"不是出于恶意"，他是"专以儿童为本位的人"。比如，

他能得风气之先，将当时上海出版的发蒙教科书，如格致、地理、地质、东西洋史、修身、国文当课本拿到家塾里当教材。一本《算数备旨》，先自己学一遍，然后教给学生，使学生从加减乘除一直学到开方。郭沫若后来对沈先生的理解是深刻的。在当时，儿童只是家长的附属物，不能有自己的意志。能以儿童为本位，把他们视为与时代生活不可分割的成长中"人"，确实是罕有的见识。

郭沫若先后到乐山高等小学、嘉定府中学、成都高等学堂分设的中学读书。他总是轻松拿到考试成绩的前几名。"在中学里面感兴趣的仍然是经学。"这一方面与他在家塾所受的熏陶有关，一方面也说明那时的学校并没有多少新知识给学生，妄担了现代学堂的名声。"讲地理的人说朝鲜在中国的南方；讲生物的人把乌贼的嘴当成肛门；甚至连讲国文的人，不懂得'望诸君'是乐毅的封号，而讲为'盼望你们诸君'。一个英文老师……几个拼音就教了我们半年。"使像郭沫若这类少年学子，空有才智，无处吸纳与施展。所以郭沫若青少年时期有过很多荒唐的、让他厌恶自己的堕落的行为，吸水烟、吃花酒、闹戏场，他说自己"差不多是十处打锣九处在的人"。因此，他也总是学校风潮中领头闹事的人，曾先后三次遭学校斥退。而反抗的也并不是什么"原则"或令人"震撼"的事情，无非是要求星期六多给半日假，为一朋友的不公平被斥退鸣不平，等等。他的不安分的个性在这个阶段得到了充分体现。他的积极参与的天性和反叛性格，也可以在这一阶段找到依据。

当时，任何开风气之先的新鲜东西，郭沫若都不错过，这也是那个时代青少年反叛行为的精神给养。比如梁启超办的《清议报》，郭就喜欢读，还有梁启超著的《意大利建国三杰》，译的《经国美谈》

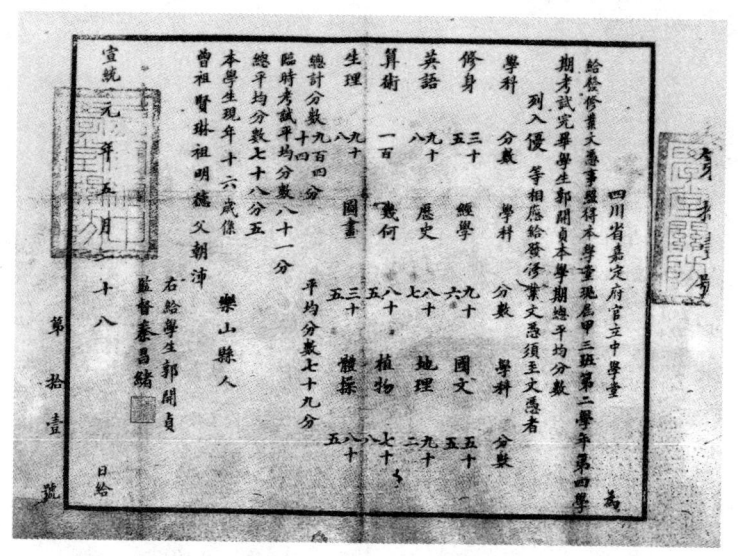

1907年秋，郭沫若升入嘉定府中学堂。图为郭沫若1909年中学二年级的修业文凭，其中修身一项仅得35分

等书，读得令他心醉。他后来说：梁任公"是生在中国的封建制度被资本主义冲破了的时候，他负载着时代的使命，标榜自由思想而与封建的残垒作战。在他那新兴锐气之前，差不多所有的旧思想、旧风习都好像狂风中的败叶，完全失掉了它的精彩。……就是当时的有产阶级的子弟——无论是赞成或反对，可以说没有一个没受过他的思想或文字的洗礼的"。而林琴南译的小说，对他后来的文学倾向也有决定性的影响。

1911年的辛亥革命，是郭沫若当时印象最强烈的一件事。革命被推进到最基层，政权和制度却毫无实质性变更。郭深有体会地说："于是乎我们家乡闹过的那一幕便成为悲喜剧了。"这与鲁迅的感觉相似。

第一次婚姻

1912年,郭沫若接受了一件父母为他安排的令他终身悔恨的事——与张琼华的婚姻。

这件事,不能全怪郭沫若的父母。早在10岁之前,郭沫若就订过婚,但女方早夭。他受旧小说中的风流、新小说中的情爱的诱惑,从14岁起,就不愿从速订婚,对自己未来的婚姻心存着"水底月,镜中天"的希冀。父母体谅他不愿早订婚的心理,每有婚事提说,都征求他的意见。在他的推却中,先后有四五十家人家来提过婚。一次有人给郭沫若说了一位姓王的姑娘,此时他的五哥刚刚死了未婚妻,家里就把那女子许给了他的五哥。这位五嫂与郭沫若同龄，郭沫若曾这样描写过她："小巧的面庞，双颊晕红，双眉微颦，眼仁漆黑……高矮适中。"五嫂的父亲是做县视学的。郭沫若上学时，经常打从她家的房前过，他见过她偷偷向外看的模样。后来五嫂说，在她们家的一张小学堂毕业生的相片上，郭沫若的形象给她留下的印象很深："人又小，要去站在那最高的一层……把胸口挺着，把颈子扛在一边，想提高你的身子。……那也正是你的好胜心的表现。你凡事都想出人头地，凡事都不肯输给别人。"这当是家中女眷中的红颜知己了。想来她家曾想给郭沫若说亲，不能说没有她本人的属意。不想这五嫂，结婚当年生了个男孩儿，生产三个月后得"产后痨"死去，临终前呼唤的竟是远在成都读书的郭沫若："八弟！八弟！你回来了，啊，你回来了！"为此，郭沫若很是感伤。想当初，五嫂在娘家时，几乎与郭沫若同时得了伤寒，又同时病好。郭沫若的四姐后来说："你两个幸好不是夫妇。假如你们是夫妇，别人会说你们是害的相思病呢。"郭沫若病好后，留下了中耳炎、脊椎炎的病症。五嫂的后遗症是轻微的肺结核，这种病是不能生孩子的。可见，在无知的社会里，中国女子的性命是何等的低贱。即便如此，比起郭沫若和他五哥的"未婚妻"来，五嫂算是来去有痕的。因为有那深谙的相许，又因为有那识破了的"知己"。郭沫若说："在我心中印着一个不能磨灭的痕迹。只要天上一有月光，总要令人生发出一种追怀的怅惘。"

郭沫若19岁时，母亲开始担心他会成为鳏夫，未经他首肯，就定下了他与张琼华的婚姻。郭沫若默许了。来说亲的远房叔母在他家人的印象中说话很有信用。她说，那女子人品好，在读书，又是天足。这位远房叔母还了解郭沫若的心思，知道他倾慕于他三嫂的美貌和五嫂的人品。所以她对郭家人说，张家姑娘绝不会弱于郭家任何一位姑嫂，"人品和三嫂不相上下"，这就给郭沫若留下了期待，幻想着家里包办的姑娘能和他三嫂的两只手一样，有着像粉棠花一样的颜色。她的容貌若真的如山谷中的幽兰、原野中的百合呢？因为他的一个弟弟、两个妹妹都已订了婚，他的婚事再拖下去，就要影响弟妹们的佳期。况且他已二十当龄，再说婚娶尚早，已不能成为借口。出于对母亲的体谅，他同意了这门亲事。但结果是，新娘一下轿：竟是三寸金莲！"啊，糟糕！"他心里一惊，这是第一个糟糕；待掀开盖头一看，没有看见什么，只看见"一对露天的猩猩鼻孔"，正对着他。这是第二个糟糕。他二话没说返身走出了洞房，他感觉受到了莫大的欺骗。他觉得，自己恰被家乡的谚语言中："隔着口袋买猫儿，交订要白的，拿回家来竟是黑的。"母亲苦苦劝慰，甚至责备他不孝："你这不是做儿子的行为，也不是做人的行为……"事已至此，他不得不妥协了。他说自己是在家里的逼迫下失去了"童贞"。从此悲苦不堪。

后来，郭沫若在一篇文章中谈到原配张琼华时，戏谑她为"黑猫"。张家与郭家也算门当户对，张琼华的父亲中过秀才，家有两百多担田租。张琼华读过私塾，学过《女儿经》《列女传》。郭沫若在标题为《黑猫》的文章中说："我一生如果有应该忏悔的事，这要算是最大的一件。我始终诅咒我这项机会主义的误人。……她不是人品很好，又在读书吗？她处的是乡僻地方，就说读书当然也只是一些旧学。但只要她真正聪明，旧学也有根底，新的东西是很容易学习的。我可以向父母要求，把她带到成都去读书，我也可以把我所知道的教她，虽然说不上是爱情的结合，我们的爱情不是可以慢慢发生的吗？——是的，这便是我的机会主义。"其实看照片，张琼华并不像郭沫若写的那样可怕。她可能与他的理想中人差得远了些，就让他形成了一种成见性的看法。

郭沫若到日本与安娜（后文详述）同居后，曾几次写信想和张琼华解除婚姻关系，都招来父母的指责。郭沫若怕伤父母的心，也担心张琼华想不开自杀，所以不得不打消离婚的念头。对于这一切，张琼华恐怕是不知道的。她常去"求菩萨保佑我夫平安无事"，每天都要把结婚时的家具擦拭一遍，这成为她生活中的一项重要内容。她以这种方式盼望着，终于在 1939 年 3 月，郭沫若父亲病重时，等来了郭沫若的返乡省亲。这时距郭沫若离家已 26 年。郭沫若的母亲是 1932 年去世的，当时郭沫若还在日本。郭母知道八儿在日本已有一妻子，担心张琼华将来无所依靠，临终时曾有遗嘱："他日八儿归来，必善视吾张氏儿媳，毋令失所。"郭沫若听了母亲的遗言，又听家人叙说多年来张琼华如何侍奉他的父母，便对张行了三个长揖到地的大礼。为了向张表示感谢，郭沫若还给她题了两首诗，短跋中特地写上了"书为琼华"四个字。并逗趣说："如果往后没有钱用，可以拿它卖几个大洋。"张惶恐万端，说饿死也不会去卖。

1939 年 7 月，郭沫若的父亲病故，郭沫若偕于立群和他们刚出生不久的儿子汉英回来奔丧。张琼华把自己的卧室——也是当年与郭沫若的洞房——让给郭沫若和于立群，并买鸡买鱼尽心照顾于立群母子。再麻木的人，这也是一种心灵的伤害。我们只能看做张琼华无奈中的善良吧。况且自己没生育，把郭的骨血视为己出也是可能的。郭父丧事办完，郭沫若与于立群从大佛坝乘飞机返回重庆，张琼华与家人一起去送行。知道丈夫已不属于自己，这心如枯井般的女人将怎么打发日子？她把郭沫若在其父死后写的长达七八千字的《家祭文》背得滚瓜烂熟，常常泪水盈眶。

郭父去世之前，曾把家产分给儿子，郭沫若名下分得数十担租谷。由谁来掌管并享有这部分租谷，家里人意见不一。有的认为应该给张琼华；有的则认为张氏与郭沫若只有夫妻名分，无夫妻之实。为此，家人写信给郭沫若。郭明确回复说："全部归张琼华支配。她孤身一人，只会帮家事，没有别的收入，就靠这些租谷过日子。"

1949年以后，没了租谷，郭沫若每月给张琼华寄去基本生活费。

1963年，张琼华在侄女的动员下，到了北京，想见见郭沫若。郭却没有同她见面。郭沫若身边的工作人员遵嘱陪她到故宫等处游览了一番，并为她买了一只铝锅、一块灯芯绒和其他生活用品。工作人员劝张琼华在北京多住些日子。张说："他太忙了，我不能在这里分他的心。"便悄悄地走了。

张琼华在郭家做了"一世的客"，守了一辈子空房，死时90岁。

安娜

和张琼华结婚以后,郭沫若的心情颓丧到了极点,一心想尽快离开家乡。

1913年,天津的陆军军医学校到各省招生,四川考取了六名,郭沫若是其中的一个。郭沫若并不想学医,只是想利用这个机会离开四川。郭沫若的理想目标是游学欧美,其次是日本,再其次是京、津、沪。但他还是放弃了天津的学业,到北京找他的大哥,希望另寻他途。大哥郭开文,比他长14岁,是科举废止后由省里官费送往日本的第一批留学生,学的是政法经济,日本东文学堂毕业后,在司法部做过小京官，辛亥革命后做过四川军政府的交通部部长，而此时，正在做有其名无其实的四川驻京代表。正好，大哥有个朋友要去日本，就决定送郭沫若去日本学习。大哥给他带的生活费用，仅能维持半年，叮嘱他一定要考上官费学校，不然将来的学费难以为继。当时中国学生留日的官费学校只有四所，即东京的第一高等学校、高等师范学校、高等工业学校和千叶的医学专门学校。这四所学校，都是夏季招生，并且很难考取。郭沫若的五哥在日本用了两年时间，都没有考上官费学校，这对郭沫若来说，精神压力可想而知。他没有退路，到日本后便拼命学日文，补习数理化，终于在半年之后，考上了官费的第一高等学校。

日本的高等学校，大致相当于中国的高中，属于大学预科，在应考时就得分科。当时这所学校有三个部：第一部专修文哲、法政、经济等科，第二部为理工科，第三部是医科。郭沫若说他厌恶法政经济，不屑学；觉得文哲无补于实际，不愿学；理工科最切实际，可数学是畏途，不敢学。于是选择了一高医科。此时，他的心情与当初投考天津军医学校已不大一样了，开始要认真学一点医，"来作为对于国家社会的切实贡献"。正如他后来所回忆的："我初到日本来时，是决心把（文学）倾向克服的。二三十年代前的青少年差不多每个人都可以说是国家主义者。那时的口号是'富国强兵'。稍有志趣的人，都想学些实际的学问来把国家强盛起来，因而对文学有一种普遍的厌弃。"日本的医学承袭德国衣钵，学了德文才能学医。德文课很重。除德文外还有英文、拉丁文及数理化、动植物等主要基础课程。在学习上，郭沫若毅力惊人，最不喜欢的数学竟然能在全班名列第一，可见他的奋勉。之后他又转入冈山六高。1918年夏天，郭沫若升入福冈九州帝国大学。

由于投考时过度用功，考上一高后又发奋苦读，加上生活的困难，郭沫若的身体受到很大影响。他说："在一高预科一年毕业之后，我竟得了剧度的神经衰弱症，心悸亢进……一夜只能睡三四个小时……记忆力几乎全盘消失了。读书时读到第二页已忘了前页，甚至读到第二行已忘却了前行。头脑昏眩不堪，炽灼得如像火炉一样。我因此悲观到尽头，屡屡有想自杀的时候……"就在这时，他结识了佐藤富子。他以后的文学成就也与这位女性有着很大关系。

佐藤富子是日本仙台人，出身牧师家庭。祖父、父亲都到过中国。她曾就读于美国人在仙台办的一所教会学校，毕业后学看护，到东京京桥区圣路加医院当看护，信仰基督教。郭沫若在圣路加医院料理友人陈龙骥的后事时，认识了佐藤富子。佐藤富子一米六七左右，皮肤白嫩，体态丰润，性情善良。郭沫若初见她时，感到她眉目之间，有一种不可思议的洁光。当佐藤富子知道郭沫若是学医的时，对他的好感加深了。她在给郭沫若的第一封信中，谈到了自己从上帝那里获得的怜悯与普众的同情心。所以佐藤富子在郭沫若眼里就如圣母玛利亚一般。郭看张琼华像"黑猫"，看佐藤富子像圣母玛利亚，这与他当时的心理有关系。他为国内的婚姻所困苦，又身处异邦，苦闷和寂寞，加上个人身体顽症带来的痛苦，这个女人又何尝不是他的"空谷幽兰""山中百合"？郭沫若在给佐藤富子的信中说："我在医院大门口看见您的时候，我立刻产生了就好像是看到圣母玛利亚那样的心情，您脸上放出佛光，您的眼睛会说话，您的口像樱桃一样。您到现在一定救助过无数的病人，我爱上了您。我忘不了同您的那次谈话，我离开家乡已经两年，在异乡非常寂寞。"这应该说是郭沫若在身心有着莫大需求时爱上的女人。他觉得在此之前自己死尸一般的身体，有了新的生命。他给佐藤富子取了一个圣洁的名字：安娜。

书信来往了几个月后，郭沫若对安娜说："你既然矢志献身慈善事业，只充任一个看护妇，未免不能充分地达到目的。"他就劝安娜离开医院，进女子医校继续学习。他说，可以两个人共同使用他的官费。当时日本的女子医校每年3月招生，年底放了寒假，考期已经迫近，郭沫若专程跑到东京，接安娜到福冈准备考试。从此他们便生活在一起。

事前，郭沫若考虑到自己"童贞早是已经破坏了的"，便将结过一次婚的情况如实告诉了安娜。安娜对此并不在意。郭沫若非常感动，曾以一篇优美动人的散文诗赠与安娜，内容大意是：在近海的一处石洼穴中，有一条小鱼快要干死了。它是被猛烈的晚潮抛到这儿的。清晨，一位美丽的少女唱着歌走来，她的脚印，印在雪白的沙岸上，就好像一瓣一瓣的玉兰。她到岩石上来，无意间看见了那条将死的鱼儿，不禁涌出几行清泪，泪滴在洼穴中，汇成一个泪池。少女凄凄地走了，小鱼渐渐苏活了过来。这散文中美丽的意象，足可表明郭沫若心中安娜的重要性。

他们的结合，没有得到双方家庭的认可。郭家自不必说，佐藤家是严格的基督教徒，没征得父母同意便同一个不信教的中国学生结合，这于教规，于当时日本世家的风气，都是不能见容的，安娜受到"破门"惩处。后来，安娜考上了女子医校，学习了几个月，就怀孕、生育，中途辍学了。

郭沫若与安娜同居，前后20年，有五个孩子。他们困苦相依，都吃尽了苦头。在他们的第二个孩子博孙刚生下第三天，与郭沫若通信多时的田汉第一次从东京到福冈看望郭沫若。当时郭沫若正在厨房烧火煮饭，不顾烟熏火燎，一面做家务，一面与田汉谈话。平日寂寞的郭沫若，这时高兴得想到"谈笑有鸿儒"，并自然地说了出来。说话间，安娜正下楼来准备为婴儿洗澡，田汉顺口说了一句："往来有产婆。"本来是玩笑之语，郭沫若听了，"感到受了不小的污蔑"。心说："……他却没有想到我假如有钱，谁去干那样的事？"不过郭沫若还是能原谅田汉的。田汉说，他那时还年轻，还是一个昂首天外的诗人。郭沫若又何尝不是呢？接着是连续两天陪田汉到福冈附近的名胜去玩，使产后五六天的安娜累得断了奶。后又因人工哺养不得法，导致食物中毒，差点要了孩子的命。不过，当时已身负诗人声名的郭沫若给田汉留下的第一印象并不是很好。田汉回东京，路过京都见到郑伯奇时不免感叹："闻名深望见面，见面不如不见。"这正是当时郭沫若精神面貌的剪影。

1923年4月，医科大学毕业，郭沫若携妻儿回国。从这时起，他决心弃医从文。安娜发愁今后的生活来源。他说："当医生有什么用？我把有钱的人医好了，只会使他们多榨取几天贫民；我把贫民医好了，只会使他们多受几天富人的榨取。叫我这样伤天害理地去弄钱，我宁可饿死。"以至于家人给他办好重庆红十字会医院医务主任的高薪职位，他都拒绝了。但回国后，生活没有保障，安娜只好带着孩子们再回日本，想继续学她曾中断的产科，以养活家小。后来郭沫若又因受到通缉，在国内待不下去了，也随后再次旅居日本。又过了十年之久的亡命生涯。

1937年抗日战争爆发，郭沫若决心回国参加抗战。安娜因为嫁

北伐出征前，身着国民革命军戎装的郭沫若与夫人安娜及孩子们的合影

给了"支那人"，在日本受到歧视；因为掩护郭沫若回国，又遭牢狱之灾和皮鞭吊打。郭沫若回国抗战，安娜在日本继续受苦。1937年12月南京沦陷，法西斯分子围攻安娜，问她作为敌国之妻，有何感想。安娜始终不开口。郭沫若走后，安娜忍辱负重，靠租地种菜，独自挑起生活的重担。

郭沫若曾因安娜而"立定大戒"，决心"不接近一切的逸乐纷华，甘受戒僧的清规"，不难看出他对与安娜的爱情的笃意和感念。尽管这其中有过与安琳女士的过往，与于立忱的情感交汇，以及对其他女人的幻想，也有过一次与妓女的接触并因之给自己和安娜带来淋病，但安娜与他共同度过的艰辛生活，仍是他永生难忘的。

郭沫若大学没毕业，已经有了三个孩子。全家都靠郭的助学金过活。在日本，学医的学生需要德文的医书，书价昂贵，幸好安娜善于量财度日，经常拿五分钱去买红薯当成全家的午饭。在儿子郭和夫的记忆中，他们常常搬家，搬家时很简单，因为没有什么家当。郭沫若要交学费，要买书，预支了两个月的官费，导致生活费用所剩无几，只好把上学用的书拿到当铺。有一个月，一家人连中午饭都节省了。后来国内有一户人家到日本看病，请他们帮忙料理家务并吃住，他们才度过了那段艰难的日子。郭沫若说："我当时是怎样的感激呀！漂母的一饭原值得韩信的千金，况我和我的老婆是在出卖气力，我们是没有什么可以羞耻的。"

郭沫若"别妇抛雏"不到一年，就与于立群结婚，受到外界的批评。他的家庭责任感的确有问题。但是也有别的因素。他与田汉交谈，认为婚姻是坟墓，他感到了生活的滞累。从他独身生活的处境看，他无法过没有家庭的生活，而家庭生活的艰辛又常给他和安娜带来矛盾。日本女人在家主内的传统，使她们把钱看得很紧，抠得很细，好处是过日子仔细，但令中国男人头疼，因为没有经济上的自由。安娜把郭的稿费也攥得很紧，并且始终不同意郭弃医从文。这些都难免引起矛盾。安娜的儿子认为，他们的母亲脾气很暴躁，而父亲在母亲发脾气时，总是一声不吭。这可能也是郭沫若"别妇抛雏"的另一原因。

抗日战争胜利后的1948年秋季，安娜携长子郭和夫、幼子郭志鸿和女儿郭淑瑀，到香港找到了郭沫若。这时，郭沫若与于立群也已经有了五个孩子。安娜的到来，让郭沫若十分意外，安娜的身心也备受打击。经冯乃超等人劝说与恳谈，安娜承认了现实，作出平和、理智的选择，把女儿淑瑀留下便离开了。

中华人民共和国成立后，安娜加入了中国籍，定居大连，与长子和夫相邻。和夫曾任中科院大连化物所副所长，曾是辽宁省和大连市人大代表以及全国人大代表。次子郭博1954年回国，住在上海，任上海市民用建筑设计院总工程师。三子复生是北京中国科学院动物所的研究员。淑瑀曾在郭沫若的安排下进入解放区，又入燕京大学学习，后于中央音乐学院钢琴系毕业，定居天津。五子志鸿，定居北京，为中国音乐学院钢琴系客座教授。郭沫若晚年病重的时候，安娜曾去医院探望。但是很快就回家了。儿媳妇问她为什么这样快回来，她说："他不愿谈。"说明这时他们已到了相对无言的状态。他们的儿子郭博说："我父亲是应该受到批评的。"安娜倒想得很开，说："历史过去了，过去了就过去了。"

1984年，于立群已经去世，安娜当选全国政协委员。这种政治安慰，对于一个半生不幸的女性来说，又有多大的意义呢？

《女神》

五四时代，胡适、周作人、沈尹默、刘半农、康白情、俞平伯都有白话诗引人注意，但郭沫若却后来者居上。

郭沫若是一个主情的天才。他对自己的性格气质和艺术个性作过这样的解说："我是一个偏于主观的人……我自己觉得我的想象力实在比我的观察力强。我自幼便嗜好文学，所以我便借文学来鸣我的存在，在文学中更借了诗歌的这只芦笛。我又是一个冲动的人……我回顾我所走过了的半生行路，都是一任我自己的冲动在那里奔驰；我便作起诗来，也任我一己的冲动在那里跳跃。"

郭沫若的《女神》出版于 1921 年，全书共有诗歌 56 首，其中最早的诗大约写于 1916 年，一部分写于 1921 年，绝大部分写于 1919 年和 1920 年两年间。决心要把文学倾向克服的郭沫若，怎么又会起了创作《女神》的冲动呢？

首先，郭沫若喜欢文学的"六根"从来没有净除。还在东京一高时，他就从一个同学那里看到了泰戈尔《新月集》中的几首诗，觉得其清新、恬淡的文风与他以往读过的英文诗不同，与中国旧诗的崇尚雕琢区别也很大，从此便成了泰戈尔的崇拜者；还因为在高等学校学德文，读了歌德和海涅的作品，语言课也助长了他的文学倾向。以致在高等学校做尸体解剖时，竟能有了创作冲动，写出小说《骷髅》；他又在显微镜下观察筋肉纤维时，构思了小说《牧羊哀话》。投回国内，都被退了回来。这些可视为他在创作上的准备吧。而真正诱发了他的创作才华和能量的，是新文化运动的冲击。

1919 年 9 月，郭沫若偶然在国内《时事新报》副刊《学灯》上看到康白情的一首白话诗《送慕韩往巴黎》，语言平白如话。其中有"我们叫得出来，我们便做得出去"这样的词句，他很是惊讶："这就是中国的新诗吗？那么我从前做过的一些诗也未尝不可发表了。"于是，他就把自己的旧作《死的诱惑》、《新月与白云》、《离别》和几首新作的诗先试投给《学灯》，结果所有诗稿当月见报。他的作品变成了铅字，给他的创作欲望以很大的刺激，从此一发不可收。大约从 1919 年下半年到 1920 年上半年，形成了郭沫若诗创作的第一个爆发期。他说，有那么三四个月时间内差不多每天都有诗兴的冲击，好像生了热病一样，战颤着抓紧写在纸上，给编辑宗白华寄去。《女神》中的主要诗篇，均写于此时。郭沫若说："使我的创作欲爆发了的，我应该感谢一位朋友，编《学灯》的宗白华。我同白华最初并不认识，就由投稿的关系才开始通信。白华是研究哲学的人，似乎也有嗜好泛神论的倾向。这或许就是使他和我接近了的原因。那时候，但凡我做的诗，寄去没有不登，竟至《学灯》的半面有整个登载我的诗的时候。说来也很奇怪，我自己好像一座作诗的工厂，诗一有销路，诗的生产便愈加旺盛起来。"那种一泻千里狂涛暴浪般的创作激情，也来自郭沫若所说的多年的"郁积"。郭沫若在自传中说："当我接近惠特曼的《草叶集》的时候，正是五四运动发动的那一年，个人的郁积，民族的郁积，在这时找出了喷火口，也找出了喷火的方式，我在那时差不多是狂了。"

个人的郁积便是个性与情爱生活的压抑。郭沫若的个性是社会参与型。他又属于情性旺盛的人。二十多岁远离家乡和祖国，个性与情爱生活的压抑，是明显的。宗白华生前曾告诉学者陈明远：五四运动前夕，由李大钊等人发起，我们组织了少年中国学社。成员主要分布在北京、上海、日本……会员里面有郭沫若在成都高中时的同学不少人。1920年郭沫若有意想加入少年中国会，但很多会员不同意。因为这些人知道他在中学有狎妓、同性恋、酗酒、闹事等不良行为，认为会员录取要严格，没有批准郭入会。当时郭沫若在给宗白华的信中说："我自己的人格，确是太坏透了。我觉得比高德斯密还堕落、比海涅还懊恼、比波德莱尔还颓废……"他们于是约定人格要公开，但郭沫若又说自己几乎没有可公开的人格。宗白华安慰他说："我对于你干的事情，没有当成个人的罪恶，而是当作人类的罪恶，尤天才

郭沫若的第一部诗集《女神》于 1921 年 8 月由上海泰东图书局出版

者犯这种罪恶的多。"①如此看来，也只有宗白华这样的具有人本主义情怀的美学家和泛神论者才能理解他。郭沫若如此坦诚的剖白，不能说不是他一段时间以来的郁结。五四时期，宗白华、田汉、郭沫若三人曾就"包办婚姻"、"自由恋爱"等问题有过通信讨论。后他们将三人的信合集为《三叶集》出版。曾被誉为"当代的少年维特之烦恼"，并且一再翻印。

郭沫若的所谓民族的郁积正如他所说："我在日本留学，读的是

---

① 《三叶集》，亚东图书馆，1920 年。

西洋书，受的是东洋的气，我真背时，真倒霉。"这种"民族的郁积"加倍刺激了个人的郁积，使他在青年时代，几次想到自杀。1916年，他25岁，与安娜的恋情使他个人的郁积有了缓解。他说："因为民国五年的夏秋之交有和她的恋爱发生，我的作诗的欲望才认真地发生了出来。《女神》中所收的《新月与白云》《死的欲望》《别离》《维奴司》都是先后为她而做的。"此时，双重郁积的生命在情诗之中未得到全面的展示，只有在惠特曼的感召下，他才找到了"喷火口"。加上五四个性解放之潮的涌动，他把时代的、个人的、历史的、未来的种种人生感悟尽情地、自由地宣泄了出来。并由此产生了如《立在地球边上放号》、《地球，我的母亲》、《匪徒颂》、《晨安》、《凤凰涅槃》、《天狗》等诗作，这些都是《女神》中著名的篇章。

闻一多曾说："女神不独形式欧化，而且精神也十分欧化的了"，"他要做中西艺术结婚后产生的宁馨儿"。[①] 郭的"女神"意象确实有两重：一是指艺术。西方神话中的缪斯或维纳斯都是艺术的守护神；中国的女娲是中国人心中的母神；而郭的母亲又是给予他艺术启蒙最早的人，使郭沫若很小就钟情艺术。二是指爱国精神、个性解放、反抗与破坏、赞美与诅咒。如《女神之再生》中表达的：

女神之一：
我要去创造些新的光明，
不能再在这壁龛之中做神。

---

① 《〈女神〉之地方色彩》，《郭沫若研究资料》（中），中国社会科学出版社，1986年。

女神之二：

我要去创造些新的温热，

好同你新造的光明相结。

女神之三：

姊妹们，新造的葡萄酒浆，

不能盛在那旧了的皮囊。

为容受你们的新热、新光，

我要去创造个新鲜的太阳！……

又如《神明时代的展开》一诗：

太古时分一切神明曾经是女性，

后来转变了，一切男性都成了神明。

神明时代在人类的将来须得展开，

人间世中，人即是神，一律自由平等。

郭沫若在诸诗中，将心中的女神置换成姐姐、母亲、女郎、湘水女神、司春女神、爱神等，这些都寄寓着他对女性的赞美、崇拜和不平。

《女神》的突出贡献是：以诗化的形式，表现了五四时期的时代精神。闻一多在《〈女神〉之时代精神》中说："若讲新诗，郭沫若君的诗才配称新呢！不独艺术上他的作品与旧诗词相去最远，最要紧的是他的精神完全是时代的精神——二十世纪的时代精神！"

郭沫若是泛神主义者。泛神主义用周扬的话说就是："'本体即神,神即自然'的思想,这个神在他就是'我'。听他唱'我赞美我自己,我赞美这自然表现的宇宙的本体',我们就可探知他的泛神主义的究竟了。"[1]

在五四时期的中国,对封建文化体系破坏得最得力的思想先锋,一是进化论,二是泛神论。郭沫若的《女神》确实在追求一种物我同一的境界。当诗人把"神"拉到与自己和万物平等的地位时,"一切的偶像都在我面前毁破"了;他在《我是个偶像崇拜者》中提道:"我崇拜太阳、山岳、海洋;崇拜水、火、江河;崇拜生、死、光明、黑夜;崇拜创造的精神;崇拜力、血、心脏;崇拜我……"当诗人把自我也奉为"神"时,"一切自然都是我的表现"了。于是,郭沫若的诗歌获得了广袤无垠的自我表现世界。比如《天狗》:

> 我是一条天狗呀!
> 我把月来吞了,
> 我把日来吞了,
> 我把一切的星球来吞了,
> 我把全宇宙来吞了。
> 我便是我了!
> 我是月底光,
> 我是日底光。
> 我是全世界底能量的总量。

---

[1] 《郭沫若研究资料》(中),第209页,中国社会科学出版社,1986年。

这时他的"自我"可以气吞日月；社会万物可以不断毁坏、不断创造。他把"自我"与表现的对象沟通在一起，把生命与创造结合在一起：

我飞跑，

我飞跑，

我剥我的皮，

我食我的肉，

我吸我的血，

我啮我的心肝，

我在我神经上飞跑，

我在我脊髓上飞跑，

我在我脑筋上飞跑。

这些都表现为对一切束缚的挣脱。以如此声势讴歌人的自我实现的过程，在20世纪，似乎还没有第二人。他是在《女神》中用这种泛神的宇宙观，诗化了五四时代的精神。

郭沫若说："'五四'以后的中国，在我心目中就像一位很葱俊的有进取气象的姑娘，她简直就和我的爱人一样。我的那篇《凤凰涅槃》便是象征着祖国的再生。'眷念祖国的情绪'的《炉中煤》便是我对她的恋歌。《晨安》和《匪徒颂》都是对于她的颂歌。"为什么叫匪徒？那时日本记者称中国五四以后的学生为"学匪"，郭沫若为了抗议"学匪"的诬蔑，便写了这首颂歌。且看《炉中煤》：

啊,我年青的女郎!

我不辜负你的殷勤,

你也不要辜负我的思量。

我为我心爱的人儿,

燃烧了这般模样!

在这首诗中,"女郎"就象征祖国。再看《地球,我的母亲!》:

地球,我的母亲!

天已经黎明了,

你把怀中的儿来摇醒,

我现在正在你背上匍行。

《女神》是五四时代精神的诗化体现,以《凤凰涅槃》、《女神之再生》为代表。

《凤凰涅槃》取材于传说故事,正如诗前的引言:天方国古有神鸟名"菲尼克司",满500岁后集香木自焚,复从死灰中更生,鲜美异常,不再死。这首诗就是借凤凰"集香木自焚,复从死灰中更生"的故事,象征旧中国以及诗人旧我的毁灭和新的中国以及诗人新我的更生。除夕将近的时候,在梧桐已枯、醴泉已竭的丹穴山上,"冰天"下"寒风凛冽",一对凤凰飞来飞去地为自己安排火葬。临死之前,它们回旋低昂地起舞,凤鸟"即即"而鸣,凰鸟"足足"相应。

它们诅咒现实,诅咒冷酷、黑暗、腥秽的旧宇宙,把它比作屠场,比作囚牢,比作坟墓,比作地狱。于是它们痛不欲生,集木自焚。凤凰的自我牺牲、自我再造,是怎样的一种悲壮! 当它们同声唱出要让"旧我"连同旧世界的一切黑暗和不义同归于尽时,燃烧而获得新生的不只是凤凰,也包括诗人自己。他在写这首诗的前两天,曾在给宗白华的信中说:"我现在很想能如凤凰一般,把我现有的形骸毁了去……从那冷净了的灰里再生出个我来!"所以田汉赞叹他说:"与其说你有诗才,不如说你有诗魂,因为你的诗首首都是你的血、你的泪、你的自传、你的忏悔啊。"

《女神之再生》和《凤凰涅槃》相似,是根据女娲炼石补天的古代传说写成的。诗句一开始写天地晦冥,风声和涛声织成"罪恶的交鸣",女神们从"生命底音波里听出预兆",感到"浩劫"重现,纷纷离开神龛。其中还有颛顼与共工为争帝决战的故事,郭沫若说是指南北的军阀战争。共工象征南方,颛顼象征北方,想在两者之外建设一个第三国——美的中国。① 共工失败,怒而触不周山,天柱折,颛顼与共工一同毁灭。女神们不屑于再做修补工作,决定另造一个太阳,而且预言这个新太阳将照彻天内世界、天外世界。这便是郭沫若对光明和理想的追求。

郭沫若说:"文学是反抗精神的象征,生命穷促时叫出来的一种革命。"他看重诗的形式与人的生命形式的某种同构性。这种认识,确实是属于"诗人"的。"作诗时,须要存个前无古人后无来者的心理。要使自家的诗之生命是一个新鲜的产物,具有永恒不朽性。"这

---

① 《三叶集》,第 105 页,亚东图书馆,1920 年。

种作诗的心态确实属于郭沫若。是否不朽，有待探讨，但"新鲜的产物"却是事实。因为无论内容还是形式，他的诗在当时都令人耳目一新。

从《女神》的艺术形式来看，郭沫若追求自然，诗的节奏，就是他情绪的节奏。"节奏之于诗是与生俱来的，是先天的，绝不是第二次的使情绪如何可以美化的工具。"这或许就是郭沫若的"内在律"的发现，当然，也由他创造开启了一代诗风。郁达夫读了《女神之再生》，觉得诗中融合了惠特曼的豪放、泰戈尔的清幽、海涅的愤怒、歌德的深远，以及庄子的恣肆和苏轼的畅达。这是最了解他的人的感觉。我认为，《女神》中每一首诗所独立具有的审美意义是很小的，即使抽出《女神》优秀诗篇中的一两行，也会觉得如口号般的缺乏诗意。尽管他追求的是"全体都是韵"。但是这些"缺乏诗意"的句子经郭沫若的组合，便大放新诗的光彩了。也许其中的奥秘之一，就是节奏的力量。诗中的节奏形成了新诗特有的宏大的气势。这是诗人炽热、奔放的青春热情的外化，让读者从中感受到了生命的力量、自由的力量、不可阻挡的时代的力量。

自由体新诗不是郭沫若的首创，却在他手中别开生面。有人说，这种诗"自由"而又有"体"，引导了近一个世纪中国新诗形体的主流。

《女神》以后的几年里，郭沫若还有《星空》《前茅》《瓶》《恢复》等诗集问世，但大家都认为他的诗歌艺术高峰已经过去。他自己也说，《女神》以后，他已经不是"诗人"了。

创造社

创造社孕育于 1918 年。当时，郭沫若刚入日本九州帝国大学，与张资平在日本福冈碰面，二人不满意国内的刊物，认为当时国内的有数的两个大杂志《东方杂志》和《小说月报》，不是"庸俗的政谈"就是"连篇累牍的翻译"，就商量"找几个人办一种纯文学杂志。不用文言，用白话"。两人觉得文学上的同人还有郁达夫、成仿吾，大家都是在日本留学的学生。郭沫若认为，从每个人的官费里面抽出四元钱，就可以作为印制费了。于是决定分别找他们商量。

不久五四运动风潮"澎湃"起来，郭沫若和日本福冈的几位同学组织了一个"夏社"，决定义务搞反帝宣传，往国内发一些日本报纸杂志刊登的关于侵略中国的言论。但能写能编的人就一两个，操作起来，几乎就成了郭沫若自己的事，从写蜡纸、油印，到往国内投寄。从这件事足见郭沫若有一种办刊"情结"。若以他之后弃医从文的前景考虑，他当然希望有自己的发表阵地。

之后，张资平、成仿吾、郁达夫又联络了田汉、郑伯奇、穆木天、张凤举、徐祖正等人，为办刊在东京开过两三次会，并委托田汉回国寻找出版处。为了办刊的事，郭沫若一直与这些朋友书信往来着。

张资平是学地质的，成仿吾是学兵器的。郭沫若说成仿吾很有语言学的天赋，他的外语记忆力惊人。他曾因帮别人誊录和校对过一部英文字典，以至在高等学校三年中学外语没用过字典。成仿吾1920年开始作新诗。郭沫若说他的诗异常的幽婉，包含着一种不可捉摸的悲哀。读他的诗绝对联想不到他是和大炮、战车打交道的人。他人很木讷，但他是几人中头脑最明晰的。郭沫若认为他心直、口直、笔直、手直。郁达夫则在东京大学学法制经济。1921年2月，成仿吾的同乡李凤亭毕业回了上海，说泰东图书局打算改组编辑部,设有法学、文学、哲学三科，让李凤亭任法学主任，李石岑任哲学主任，李凤亭推荐成仿吾任文学主任。成仿吾决定放弃毕业考试回国就职。郭沫若知道了这个消息，决定与成仿吾一块回国，着手创办他们的纯文学刊物。那时，郭沫若一心想弃医从文，一来因为17岁时得过重症伤寒，两耳患有耳鸣、重听症，在听力上有障碍，在大学，上百人的大课，听课很困难；二来是受五四自由主义思潮影响，想做自己想做的事。于是就想转学到京都的文科大学,但是安娜坚决反对。成仿吾也劝阻他说，研究文学没有进文科的必要。他们对自己的学非所愿，都很烦闷。郭沫若甚至出于对文学的一股狂热，待在家里几个月，不愿去学堂了。安娜见此情景，便也同意他弃医，回国另寻出路。尽管当时她和两个孩子又面临要另寻安身之地的困境。

郭沫若和成仿吾回到上海，很快就发现，所谓编辑部改组是一句空话，并没有成仿吾的位置。成仿吾便去长沙一兵工厂找事做去了。郭沫若则留下来编自己的诗集《女神》和译著《茵梦湖》，当然还在考虑办刊的事。这时他也知道田汉曾托人在国内找了几家书局，中华、亚东、商务都不肯承办出版印刷。

郭沫若在上海待了两个多月，与泰东书局谈妥刊物在泰东印刷的事就决定再回日本，找朋友商量，如杂志叫什么名字、定期不定期、每个人怎么分担稿件的分量等。

郭沫若回到日本，在东京见到郑伯奇、张凤举、穆木天、田汉，又到京都看望因病住院的郁达夫。郁达夫表示他赞成杂志以"创造"为刊名，月刊季刊都可以，每期他可以担任一两万字的文章。此时他已经完成了三篇小说：《沉沦》、《南迁》、《银灰色的死》。其中，《银灰色的死》寄给《学灯》四五个月还没有发出来。看来，他们真的得有自己的阵地，尤其像郁达夫的小说，认同者当时并不多。

大约在1921年7月初，郭沫若探望生病的郁达夫，与张资平、何畏、徐祖正不期而遇，他们再次商量办刊的事，一致通过刊名叫"创造"，并决定暂时出版季刊，利用暑假赶紧准备稿件。这一天被他们视为创造社正式成立。（另据郑伯奇日记推算，创造社成立于6月7日）而后，郭沫若返回上海。

1921年8月，郭沫若的诗集《女神》由泰东书局出版。这时郁达夫将要从东京大学毕业，郭沫若决定请郁达夫回国主持创造社的筹备工作，而他再回日本继续读完他的医科学业。为什么弃医从文的念头又动摇了呢？他说："在日本的时候，就像发狂一样想跑回中国，即使有人聘去做中学校的国文教员也自誓可以心满意足的我，跑回上海来前后住了三四个月，就好像猴子落在了沙漠里一样，又烦躁着想离开中国了。……像我这样没有本领的人，要想靠着文笔吃饭养家，似乎是太僭分了。因此，我又想到还是继续我的学医安全些。世间有很多不怕死的病人，吃饭想来大约也是不会成为问题的。"郁达夫同意接替他。

1921年9月中旬，郁达夫回到中国，郭沫若重返日本。郁达夫回到中国三天后就在上海的报上发预告，说《创造季刊》于明年元旦出刊。"预告"中说："自文化运动发生之后，我国新文艺由一二偶像所垄断，以致文艺之新兴气运，澌灭将尽，创造同仁奋然兴起打破因袭，主张艺术独立，愿与天下无名之作家，共兴起而造成中国未来之国民文学。"还宣布了创造社同人的名单：田汉、郁达夫、张资平、穆木天、成仿吾、郭沫若、郑伯奇。当初，郭沫若说"像我这样没有本领的人"时，其实包含着他的一层沮丧，即关于办个纯文艺的刊物，自己三四个月也没弄出个名堂，郁达夫着手三天就发消息，显然比他有勇气和信心。第一期的稿件除了郁达夫的《茫茫夜》外，都是郭沫若组织的。但因《茫茫夜》的推迟，创刊号到1922年5月1日才出版。这期还有郭沫若的《创造者（代发刊词）》、历史剧《棠棣之花》第二幕、郭沫若的《海外飞鸿》，成仿吾的小说《一个流浪人的新年》，郁达夫的杂文《艺术私见》，田汉的《咖啡店一夜》等。郭沫若在《海外飞鸿》中说中国的批评家"党同伐异的劣等精神，和卑

1921年6月初，创造社由郭沫若、郁达夫、成仿吾等人在日本东京组织成立。图为创造社主要发起人郭沫若（中）、郁达夫（右）、成仿吾（左）1923年在上海的合影

鄙的政客者流不相上下"。由于郁达夫急于回日本参加毕业考试，没有亲自勘校，这期《创造》刊物错字在两千以上。郭沫若说这"在新文化运动以来的刊物中怕要算是留下纪录"。一群留学生为了办一本自己的刊物，走马灯似的来来往往于中国与日本之间，那份热情、执

1922年5月《创造》文艺季刊第一卷第一号在上海出版

著和粗疏都染着那个时代青年人的可爱。

由于他们的发刊词、杂文都有出言不逊的话，从创刊号开始，创造社与文学研究会及后来的"新月派"，首先是胡适，发生了矛盾和笔战。如文学研究会的沈雁冰在《文学季刊》上连续三期以笔名"损"发表《创造给我的印象》，他说："创造社诸君的创作，恐怕也不能竟说可以与世界不朽的作品比肩罢。所以，我觉得现在与其批评别人，不如自己多努力，而想当然地猜想别人是'党同伐异的劣等精神，和卑鄙的政客者流不相上下'更可不必。"又如，郁达夫在

《创造季刊》第二期的《夕阳楼日记》中指摘别人翻译上的错误，胡适则在《努力周报》上发表了《骂人》一文，指责郁达夫和创造社。郭沫若、郁达夫、成仿吾在第三期《创造季刊》上又都在自己的文中回击了胡适。

《创造季刊》先后由郁达夫、郭沫若、成仿吾主持编辑。

1923年3月，郭沫若从医科大学毕业。毕业后他决定放弃从医，理由还是他的耳朵。当时张凤举在北大当教授，说北大要开设东洋文学部，劝郭沫若去任职，还说周作人也有这个意思。郭沫若觉得自己虽在日本留学八九年，但学的不是文学，没有资格教授东洋文学。于是带着老婆孩子回到上海。这时他第三个孩子出生才两个月。他家里给他汇来300元钱，是想让他做路费去四川，那里已经给他找好了一个医生的位置。医生的位置对他已经不重要，这300元钱成了他在上海的安家费。当时成仿吾的哥哥托商务印书馆的朋友帮忙，让郭沫若在商务印书馆编辑部谋了一个编辑的位置。郭沫若在商务印书馆当编辑部主任的同学何公敢又想请郭沫若与商务印书馆签约专事著译，承诺著书千字五元，译书千字四元。郭沫若半开玩笑地说："著译未免太辛苦了，能够每月送我几百元钱，我倒一定要拜领的。"老同学也笑着说："恐怕你闹到了梁任公、胡适之一流的资格才行。"郁达夫此时也因失业携家眷从安庆来到上海。三人到一处谈今后的出路，决定过"笼城生活"——自己干。这样就决定出《创造周报》。

为纪念《创造季刊》一周年，于1923年5月1日，《创造周报》第一期发刊。在这一期周报上，成仿吾写了篇题为《诗之防御战》的文章。郭沫若说它像炸弹一样，"得罪了胡适大博士，周作人大导师，以及文学研究会里的大贤小贤。"由此，又引起新一轮反击。郭沫若说："《时事新报》上的弥天漫野的绿气把他化成了一阵'黑旋风'。"《创造季刊》的第四期上，郭沫若的《卓文君》、郁达夫的《采石矶》中都有对胡适的挖苦。不想，胡适就在这时到了上海，主动给他们写了求和的信。郭沫若、郁达夫回了他一封信。之后，胡适还专门到郭、郁的住处看了他们一趟；成仿吾、郭沫若、郁达夫又到胡适的寓所回拜。不打不相识，郭沫若承认胡适有"非凡人"的气度。

1923年7月中旬，郭沫若在一高时的先后同学、《中华新报》的主笔张季鸾对郭沫若说，请他们每天为《中华新报》编一份副刊。篇幅是半面报纸的二分之一。郭沫若回来与朋友商量，意思是回绝。因为《创造周报》已印至六千，从编辑力量看，顾不上这份副刊。但郁达夫、成仿吾赞成编。他们认为，文学研究会有《时事新报》上的《学灯》，别的派系又有北京的《晨报副刊》、上海《民国日报》的《觉悟》，他们应该有一种日刊来对抗。同时，因季刊和周报的稿件质量要求高一些，外来稿99％用不上，会失掉很多读者。日报用稿量大，可以消化自然来稿。另外编辑权在他们自己，政治色彩可以不去沾染。而且100元编辑费也不无小补。最后决定郭沫若负责周报，日报由郁达夫、成仿吾和一个叫邓均吾的朋友负责。郭沫若为日报副刊起名为《创造日》。

但是没多久，北京大学来信聘请郁达夫前去任统计学讲师。郭不同意他去，觉得他是创造社的一根撑天柱，他一走，《季刊》《周报》《创造日》都难以维持。但是，郁达夫决意要走，并且认为他们的几种刊物最好停办。郭沫若对他这种念头最初既不理解，又很伤心。 看来郁达夫想去北京，不仅仅是生计问题，对刊物也有了自己的看法。 后来真如郭沫若所说，他去得如同绝交一样，文章总在别的刊物上发表，对于嗷嗷待哺的创造社的几种刊物却不肯飞过一字来。 1924年5月，郭沫若和成仿吾相继支撑了一段时间，在《创造季刊》出到第六期、《创造周报》出了一年、《创造日》出到一百期时，他们真的停办了。 创造社三位创始人也各奔东西——郁达夫去了北京，成仿吾南下任广东大学理学院物理学教授。 郭沫若先让妻子带三个孩子去日本，他写完了《漂流三部曲》后，也去了日本。 创造社由上海的潘汉年接管。 在《创造周报》准备停办的时候，当时创造社的工作人员周全平觉得《周报》遗留下的大量稿件丢掉十分可惜，就与他的伙伴倪贻德、敬隐渔和严良才筹办了一个《洪水》半月刊。 他们写信给郭沫若，郭表示热情支持。 后来郁达夫代表创造社与《现代评论》合作，另办了一份《现代评论》周刊。

　　郭沫若在他的《创造十年》一文中总是埋怨泰东书局把他们当奴隶来使，从来没有报酬，承诺了也不兑现。 其实，他所说的报酬是没有明确他们的职务身份，并付以报酬。 但是他们在泰东编辑、翻译自己的书的过程中，泰东提供了食、宿、旅费，还有一定的编辑费。 当然，他也承认，他们为泰东服务，其实何尝不是想利用泰东。 他们要背靠泰东书局做事，在泰东书局印制刊物，就是因为泰东允许他们自主办刊物，在刊物上说自己的硬话而不受干涉。 在商务印书馆就不行："替商务办杂志的人是连半句硬话都不敢说的。"他说创造社的人可以任自己内在的冲动表现自我。 这倒是可以联系到另一件事：文学研究会发起时，曾写信给在东京的田汉，约请田汉和郭沫若参加。 但是田汉既没有转寄给郭沫若，也没有给文学研究会发起者复信。郭沫若1921年在上海认识了郑振铎，郑再次邀请他加入文学研究会。郭沫若说，那次田汉没有把信给他看，想来是田汉没有合作的意思，如果他现在加入，就有点对不住朋友了。他可以在外面帮忙。

郭沫若说，别人总以为他在左右创造社，其实不尽然。成仿吾比他高一年级，在日本的习惯是称为"先辈"的，郁达夫、张资平和他同级，但比他早毕业，也是"先辈"。他只是比他们在国内早出了两年名。而事实上，他总在牺牲自己的主张去服从友谊。从郭沫若说的一些创造社的事情看，这话不假。创造社确实是一个自由的同人团体，他们的内在关系也是非常平等的。他们批评圈外的人，也批评圈里的人。如田汉的《蔷薇之路》受到成仿吾的批评，他感到不快，有了离心的表现。张凤举在第四期上有一篇叫《途上》的文章，他说成仿吾改了他的文章，便和徐祖正一起同创造社断绝了关系。但那个时期的创造社，无论他们曾经说过什么耸人听闻的言论，都是说自己的话。这便是创造社的前期。

1925年郁达夫离开北大，任武昌师大文科教授，这时张资平也在武昌任生物系教授。夏天，成仿吾到了武昌，与郁达夫、张资平研究成立创造社出版部。11月，郁达夫辞去教职，到上海筹办创造社出版部。这年，瞿秋白推荐郭沫若到广东大学任文科学长。1926年郁达夫又同郭沫若研究出版《创造月刊》。4月1日创造社出版部成立。该部采取募股的方式，设立股东会、理事会和监察员会，由郭沫若出任理事会主席，成仿吾任会计兼总务，郁达夫、周全平等为理事。《创造月刊》也创刊了。郁达夫在"卷头语"中说："现在我们所以敢卷土重来，再把创造重兴，再出月刊的原因，就是因为

(一)人世太无聊,或者做一点无聊的工作也可以慰藉人生于万一。(二)我们的真情不死,或者将来也可以为天下的无能力者、被压迫者吐一口气。……我们的志不在大,消极的就想以我们的同情来安慰那些正直的惨败的人生战士,积极的就想以我们的微弱呼声,来促进改革这不合理的社会组织。"后来郁达夫也到广东大学做了文科教授。4月,成仿吾在广州成立了"创造社出版部广州分部"。4月16日,郭沫若在《创造月刊》第三期发表了著名的《革命与文学》。他说:"文学是革命的前驱","文学和革命是一致的,并不两立"。"我们要求文艺是表同情于无产阶级的社会主义的写实文学"。作家应该"把自己的生活坚实起来","到兵间去,工厂间去,革命旋涡中去"。这时郭沫若应聘已经去了广州。1926年7月他又参加了北伐。创造社后期,他已参与不多。

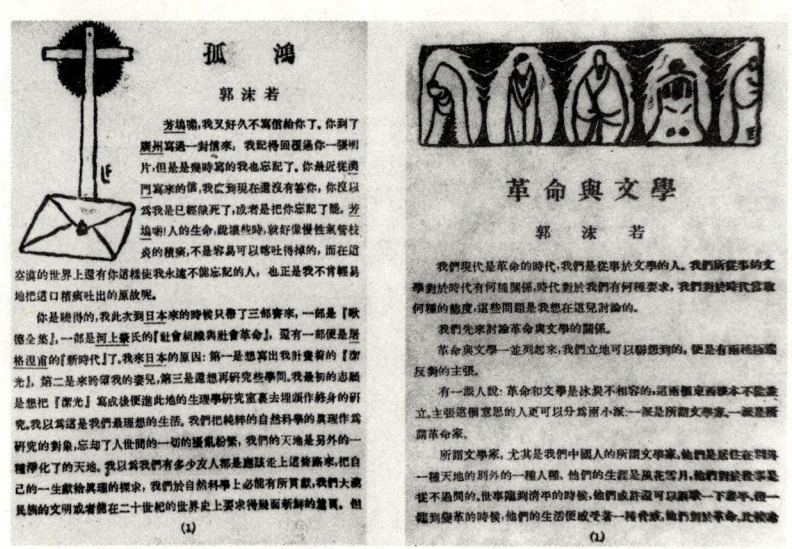

1924至1926年间,郭沫若在《创造月刊》上连续发表了《孤鸿》《革命与文学》等文章,倡导"革命文学"

1926年3月18日,郭沫若与创造社同人郁达夫、王独清同船由上海前往工农革命运动正在蓬勃发展的广东,赴广东大学就职。抵达广州后,郭沫若等人与成仿吾会齐,在广州设立了创造社出版部分部。图为他们当时在广州的合影。左起:王独清、郭沫若、郁达夫、成仿吾

对于创造社，郭沫若几十年后有一段反省："创造社前期和后期都起过相当大的作用。但后期的同志们犯了一些错误。他们从国外回来，对国内情况不够了解，把内部矛盾看成主要的，骂鲁迅，骂蒋光慈。前期创造社是混混沌沌的思想，后期创造社把鲜明的马克思主义旗帜打起来了，但是不懂策略。后期创造社的功劳还是不小的，鲁迅说：'创造社逼迫我读了几本马列主义的书。'"

走近马克思

郭沫若在1958年11月27日回答北京师范学院学生的访问时说，他们搞创造社时，"对马克思主义只是空空洞洞地崇拜。马克思主义是怎样一种内容，并不甚了解。日本人在当时把布尔什维克叫做'过激派'。但我当时却想作无产者、想当个共产主义者，这种思想表现在一九二一年写的《女神：叙诗》中。我认为马克思、列宁是了不起的人物，但对马克思主义的具体内容却很茫然。我当时是要求个性发展，要求自由，这是符合民主革命的要求的。"郭沫若的思想有一个转变过程，前期思想是革命民主主义，后期是马克思主义，这个转变一般以翻译河上肇的《社会组织与社会革命》为标志。

1924年4月1日,《创造周报》还没有停办,郭沫若就离开了上海,回到曾经住过五年的日本福冈。这时他的文学创作的第一个高潮已经过去。是否能以从事文学为生?他并没有信心,甚至有了动摇。比如创造社的刊、报,先后都停办了;创造社的成员,也都不以文学谋生了。此次回到福冈,郭沫若又有了新想法。他说,原来他对生物学就比较有兴趣,因为福冈九州大学的生物学教授石原博士是他所敬爱的一位学者。石原教授讲的《生理学总论》给他留下了深刻的印象。他曾想把自己的一生献给自然科学。后来社会科学又让他觉醒了,他觉得当时耳濡目染所得来的关于历史唯物主义的学理,好些地方和生物学有甚深的因缘。例如社会形态的蜕变说似乎便是从生物学的现象蜕化出来的。因此,他便想一方面研究生物学,一方面学习社会科学。但是科学家们的生活是要有物质条件来做保证的,为了一家人生活的保障,他不得不将个人兴趣同养活家人结合起来。

河上肇是日本有名的马克思主义经济学者。他的《社会组织与社会革命》一书,由《社会问题研究》上发表过的论文汇集而成。这些文章在当时的日本读书界风靡一时,将日本初期马克思主义学说推向了高峰。郭沫若出于对社会科学的憧憬,加上为一家人生活所迫,就开始翻译《社会组织与社会革命》。

翻译时,郭沫若用的是由上海带来的中国稿纸,这种稿纸非得用墨写不可。他的寓所中没有桌椅,他也没有置办日本式的矮桌,便把一口中国皮箱拿来代替矮桌。砚台也没有,就找了一块砖头磨平作为砚台。就这样,他坐在草席上,从清早起来写到深夜,写了大约50天的光景,终于把这部二十多万字的书译完了。

郭沫若说，这部书"不仅使我认识资本主义之内在的矛盾和它必然的历史的嬗变，而且使我知道了我们的先知和其后继承者们具有怎样惊人的渊博学识。世间上所诬蔑为过激的暴徒其实才是极其仁慈的救世主"。

但是，另一方面郭沫若对河上肇又感到不满足。因为他没有从无产阶级革命运动出发，只强调社会变革在经济方面的物质条件，而忽略了政治方面的问题。郭沫若说："翻译这书对我当时的思想有大帮助的，使我前期的糊涂思想澄清了，从而初步转向马克思主义方面来。……宇宙观，比较认识清了；泛神论，睡觉去了。从此，我逐步成为马克思主义者，以后参加了大革命。"

而后，郭沫若在给成仿吾的信中说："我从前只是茫然地对于资本主义怀着憎恨，对于社会革命怀着信心，如今更得着理性的阳光，而不是一味的感情作用了。这书的译出在我一生形成一个转折时期。把我从半眠状态里唤醒了的是它，把我从歧路的彷徨里引出了的是它，把我从死的暗影里救出了的是它。

"我现在对于文艺的见解也全盘变了。我觉得一切技巧上的主义都不成其为问题，所可能成为问题的只是昨日的文艺，今日的文艺，和明日的文艺。昨日的文艺是不自觉地得占生活优先权的贵族们的消闲圣品。……今日的文艺是我们现在走到革命途上的文艺，是我们被压迫者的呼号，是生命穷促的喊叫，是斗志的咒文，是革命家预期的欢喜。……明日的文艺，要在社会主义实现后才能实现。在社会主义实现后的那时，文艺上的伟大的天才们随其自由全面的发展，那时的社会一切阶级都没有，一切生活的烦闷除去自然的生理的之外都没有了，那时人才能还其本来，文艺才能以纯真的人性为其对象，这样才有真正的纯文艺出现。"

郭沫若翻译《社会组织与社会革命》时,他的家里穷得叮当响。他本打算卖掉这本译稿,解决以后几个月的生活费用,但情况发生了变化,需要出书后才能抽取版税。他只好刚完成译著,就将原书拿到当铺当了五角钱。紧接着,一个月20元的房租再也拿不出,终于被房东赶了出来。一个无产者,选择马克思主义,可谓顺理成章。

《请看今日之蒋介石》

1926年3月,经瞿秋白推荐,郭沫若到广东大学担任文科学长。在广州,他第一次认识了毛泽东。当年7月,郭沫若接受周恩来等人的建议,投笔从戎,担任北伐军总政治部宣传科长。当时,蒋介石不愿意让共产党人担任这个职务,可国民党内一时又提不出合适的人选,郭沫若那时还不是共产党员,所以,蒋介石决定让郭沫若担任此职,兼行营秘书长,授中校军衔。北伐途中,郭沫若非常活跃,表现出了很强的组织能力。当年10月,北伐军总政治部随军前往武昌的时候,郭沫若已经担任总政治部副主任,升为中将军衔。11月,北伐军攻克南昌，郭沫若兼任总政治部南昌办事处主任，开始直接与蒋介石打交道。

率先揭露蒋介石，在郭沫若的一生当中，可谓重要的一笔。当时，国共双方虽然合作北伐，但目标并不一致。共产党的目标是按照列宁主义，通过暴力革命，建立工农政权。国民党的目标是打破军阀割据，建立统一的资产阶级共和国。随着北伐的进展，这两种目标日益摩擦。北伐军的总司令是国民党的领袖蒋介石。共产党和国民党内大多数人都会以为蒋介石是北伐功臣，而蒋介石则对共产党人和国民党左派抱警惕态度，暗中积极进行着清党准备。

1927年3月6日，赣州总工会委员长、共产党员陈赞贤被杀。郭沫若万分震惊。起初他不知内情，以总政治部的名义将案件报请蒋介石查办肇事者。蒋介石在报告上作了批示，但这个报告登报后，并不实行。郭沫若由此产生怀疑。接着，又发生了"三一七惨案"，暴徒捣毁了九江市党部和总工会。得到消息后，郭沫若又向蒋介石汇报，希望蒋介石能够派兵弹压。结果又是不了了之。到了3月23日，又发生了安庆惨案，国民党安徽省党部和各种合法民众团体遭到袭击。郭沫若开始感到事情的复杂。

3月23日，郭沫若来到蒋介石的总司令部，只见许多人进进出出，郭沫若机警地观察动静。当时，蒋介石的心腹、安庆电报局长把郭当成自己人，和他谈起蒋介石的秘密。说他们已经根据蒋介石的旨意，与各地青洪帮联络好了。他说：九江、安庆、芜湖、南京、上海一带，我们都和我们的"老头子"联络好了，我们要走一路打一路，专门打赤化分子。郭沫若恍然大悟，原来蒋介石要向共产党开刀了。这样，郭沫若迅速离开安庆，在去武汉途中，写成《请看今日之蒋介石》一文。

北伐军攻克武昌后，郭沫若被任命为国民革命军总政治部副主任。图为1927年春，郭沫若（前左二）在南昌与李富春（前右一）、朱克靖（前右二）、林伯渠（后左三）、李一氓（后左二）等人的合影

在这篇文章中，郭沫若历数江西近来发生的桩桩惨案，并把从蒋介石总司令部看到和听到的事实全盘端出。他说："现在我明白了，我得到明确答案，我们的总司令是勾结青洪帮和我们革命民众作战的英雄！你看我们国民革命军三色识别带不是变成了青红带了吗？这就是说我们革命军的总司令已经成了青洪帮的老头子了。我们是何等的光荣啊，三民主义已经被流氓主义代替了。"

郭沫若在文章中还写道："他对待民众就是这样的态度！一方面雇用流氓地痞来强奸民意，把革命的民众打得一个落花流水了，他又实行用武力来镇压一切。这就是他对于我们民众的态度！他自称是总理的信徒，实则他的手段比袁世凯、段祺瑞还要凶狠。他走一路打一路，真好威风。他之所谓赴前线督师作战，就是督流氓地痞之师和我们民众作战！""现在我们把他的假面具揭穿了。在安庆'三·二三'之变我看出了他的真相来，他不是为小所误，他根本是一个小人！他的环境是他自己造成的，并不是环境把他逼成了这个样子。……现在还有人来替他辩护，那就是国贼，那就是民众的叛徒，我们要尽力地打倒他！"

郭沫若还说："蒋介石叛党叛国叛民众的罪恶如此显著，我们是再不能姑息了。他在国民党内比党外的敌人还要危险。他第一步勾结流氓地痞，第二步勾结奉系军阀，第三步勾结帝国主义，现在他差不多步步都已经做到了，他已经加入反共的联合战线，他不是我们孙总理的继承者，他是孙传芳的继承者！同志们，我们赶快把对于他的迷恋打破了吧！把对于他的顾虑消除了吧！国贼不除，我们的革命永远没有成功的希望，我们数万战士所流鲜血便要化成白水，我们不能忍心看着我们垂成的事业就被他一手破坏，现在凡是有革命性、有良心、忠于国家、忠于民众的人，只有一条路，便是起来反蒋！反蒋！"

郭沫若的文章对蒋介石自然十分不利。但是文章在《中央日报》上发表以后，并未引起共产党领袖人物的高度重视，他们仍然致力于拉拢蒋介石的工作。

郭沫若来到武汉以后，一度受到左派的冷落。他感到从未有过的委屈和苦闷，在4月4日的日记中写道："革命的悲剧，大概是要发生了，总觉得有种螳臂当车的感觉。"

郭沫若文章忧虑的问题不幸被言中，4月12日，蒋介石终于发动政变，大批共产党人死于屠刀之下，国共合作完全破裂。蒋介石当然不肯放过险些误了他大事的郭沫若。5月，他发出通缉郭沫若的密令，赏金三万元。这也促使郭沫若的政治选择更加鲜明。

　　1927年8月1日，周恩来等中国共产党人在南昌举行武装起义。起义当时是以中国国民党革命委员会的名义举行的，郭沫若被列为革命委员会委员、主席团成员、宣传委员会主席兼总政治部主任。但当时郭沫若并不在南昌，他是8月4日夜里到达南昌的，途中还遭到了败兵的袭击。到达南昌后不久，他便随军向广州方向进发。1927年9月，起义部队到达江西瑞金，经周恩来、李一氓介绍，郭沫若与贺龙一同参加了中国共产党。行军途中，郭沫若染上了赤痢，女战友彭漪兰（安琳）对他多方照料，二人发生热恋。10月初，起义部队在汕头一带失败，郭沫若逃往香港，然后又再度秘密回到上海，重新回到文字生涯中。

和鲁迅的恩怨

郭沫若和鲁迅的名字常常被联系在一起，他们之间也有一些可比性：都曾留日学医，又都弃医从文；都是新文学、新文化运动的代表人物，前后被共产党推崇为文化旗手。但是，要说二人之间的关系，在鲁迅活着的时候，并不是很好。二人在中国文坛上共同活跃了十几年，一度同在上海居住。在1928年郭沫若流亡日本以前，要想与鲁迅见面，机会是不难创造的。而且郭沫若的住所窦安乐路（今多伦路）与鲁迅的住处景云里不过一箭之遥，步行也用不了10分钟。但二人不但没有见过面，还多次笔墨相讥。国内已经出版的著作，多致力于挖掘鲁迅与郭沫若希望联合的一面，比如两人曾同在《创造月刊》的特约撰述人和左联发起人的名单中签名，被反复地提及。其实在这种几十个人的名单里并列，并不能证明互相之间有什么友谊。而实实在在的文字，却记下了双方的摩擦。

比如，1928年6月1日，郭沫若化名杜荃，写了一篇题为《文艺战线上的封建余孽》的文章，发表在当年8月10日出版的《创造月刊》第二卷第一期上，开头就说，"鲁迅的文章我很少拜读"，最后是这样评价鲁迅的——

> 他是资本主义以前的一个封建余孽。
>
> 资本主义对于社会主义是反革命，封建余孽对于社会主义是二重性的反革命。
>
> 鲁迅是二重的反革命的人物。
>
> 以前说鲁迅是新旧过渡期的游离分子，说他是人道主义者，这是完全错了。
>
> 他是一位不得志的FASCIST（法西斯谛）！

鲁迅当时就知道这篇文章是郭沫若化名之作。之后，他也不客气地回敬郭沫若一顶桂冠——"才子加珂罗茨基（流氓痞棍）"。

直到鲁迅临死前发生的"国防文学"和"民族革命战争的大众文学"两个口号之争，郭鲁也是各持一端，处于对立面。

所以，认为鲁迅在世时与郭沫若并无友谊，大致是符合事实的。

自然，评判郭鲁关系，不能完全以鲁迅的好恶为标准，也不能完全以郭沫若的好恶为是非依据。在当时，文坛上这种相互攻讦的文章是很常见的。郭沫若比鲁迅年轻，1928年时才三十多岁，自以为革命真理在手，便宣布鲁迅过时了，不革命，甚至是反革命，这没有什么好奇怪的。

当时，在后期创造社看来，五四文学革命是资产阶级性质的启蒙运动，而他们所做的文化批判是无产阶级性质的启蒙运动，创造社这些青年一心要清算和结束五四文学革命，并且要在中国掀起一场崭新的马克思主义的宣传运动。此时，也正是日本共产党福本和夫左倾路线的高峰期。由于受日本文坛的影响，李初梨、成仿吾等从日本回国以后，决心使中国文坛转换方向。他们接受了福本和夫的主张，援引列宁的理论，以"分离结合"的说法，认为要创立有明确阶级意识的无产阶级集团的组织和密切结合的雅各宾党，为了实现这种联合——必须在联合之前首先彻底地分裂，这就是列宁的组织理论的核心。这个理论成为后期创造社提倡无产阶级文学，进行理论斗争和促使文坛转向的理论依据和斗争策略。他们有意识地通过对前期创造社的决裂和对鲁迅、叶圣陶、郁达夫、张资平等新文学作家的批判，来重新划分作家队伍和高扬无产阶级意识。这正是郭沫若攻击鲁迅的政治思想背景。

在野的文人，互相之间帽子扣得再大一点，也不能把对方怎么样。这不同于当权之后，一顶政治帽子就可以将对方置于死地。年轻人，总喜欢标榜自己比上一代更先进，郭沫若也是这么走过来的。就像当今一些青年作家、诗人用极端之词，表明自己前卫，要与上一代人断裂一样。不必把这种高调看得过于严重。笔墨相讥的双方，谁也想不到日后要被执政者册封为旗手。尤其是郭沫若，更想不到自己在鲁迅死后，会被树立为鲁迅的继承人。

鲁迅逝世后，郭沫若又生活了四十余年。这回他再不能说自己对鲁迅的文章很少拜读了。而是在"拜读"之余，于各种不同的公开场合，极力赞美鲁迅的伟大。赞美的方式，随当时政治形势的需要不断增添新的内容。据林林在回忆文章中说："在我印象中，郭老参加鲁迅纪念会的次数是非常多的，每次都给鲁迅很高的评价，纪念文章也写得不少。从在市川听到鲁迅逝世的那天（十月十九日）夜间就连忙写悼文，说鲁迅是我们中国民族近代的一个杰作，把鲁迅与高尔基相提并论。十一月初又写《不灭的光辉》，赞扬'鲁迅始终是为解放人类而战斗一生的不屈的斗士，民族的精英'。""一九三七年十月间，鲁迅逝世周年纪念，那时抗战已经开始，郭老从日本才回到上海二三个月，上海文化界救亡协会戴平万、林淡秋、梅益等同志，要我邀请郭老到鲁迅逝世周年纪念大会讲话，我就给郭老说了，他当然应允，并对我说，'我又得说鲁迅的好话。'"[1]直到"文革"开始，纪念鲁迅逝世30周年，郭沫若在"中央文革"召开的大会上还发表了《纪念鲁迅的造反精神》的讲话，其中谈道："鲁迅愿意把毛主席的亲密战友'引为同志'而能自以为光荣，在我看来，这可以认为是鲁迅临死前不久的申请入党书。毛主席接下来肯定鲁迅为'共产主义者'，这也可以认为鲁迅的申请书已经得到了党的批准。鲁迅如果还活在今天，他是会多么高兴啊！他一定会站在文化革命战线的前头行列，冲锋陷阵，同我们一起，在毛主席的领导下，踏出前人所没有走过的道路，攀上前人所没有攀登的高峰。"

---

[1] 林林：《这是党喇叭的精神》，《郭沫若研究资料》（上），第520~521页，中国社会科学出版社，1986年。

以这样的方式评论鲁迅，固然是一种"称赞"，但与真实的鲁迅相比，已经相当离谱了。"引为同志"四个字，出自《答托洛斯基派的信》，此文是鲁迅晚年病重时冯雪峰代拟的。鲁迅同意了，自然也可以算作鲁迅的意见，是对"为着现在中国人的生存而流血奋斗者"的认同。但鲁迅要求加入中国共产党则实在是子虚乌有。在鲁迅看来，如要思想自由，特立独行，加入某种纪律严格的政党是不相宜的。他晚年与周扬等共产党人在左联共事很不愉快就是例子。以至于 1936 年冯雪峰从陕北秘密前往上海找他联系，他一见面就说："这两年我给他们摆布得可以！"冯雪峰向鲁迅介绍了共产党长征以来的状况以后，鲁迅半开玩笑半认真地问："你们从那边打过来，该不会首先杀掉我吧？"这些情况，会场上的一般群众、红卫兵小将，是不可能知道的，但作为过来人的郭沫若，却是应该知道的。真实的鲁迅是什么样的并不重要，重要的是怎么利用鲁迅服务于现实。在这一点上，主持会议的"中央文革"大员们也好，奉命发言的郭沫若也好，其实都心知肚明。

　　文人一旦被执政者封为旗手，一言一行就成了社会的样板、舆论的准绳。话只能按一定的口径说，而且以前的事也不便承认了。1977 年 11 月 16 日郭沫若过 85 岁生日那一天，创造社老友冯乃超去看望他。回来后冯乃超记述道："我同几个同志到他家里去，看他精神好了些，便问他曾否用过杜荃这个笔名，他有些茫然的样子回忆说：'我用过杜衡、易坎人……的笔名，杜荃却记不起来了。'"

　　然而，一些专家经过认真考证，还是认定，杜荃就是郭沫若。这个结论，已为中国学术界普遍接受。

甲骨文与古史研究

　　流亡日本期间，郭沫若奠定了他一生中最重要的学术成就，这就是对中国古代社会的研究。他以甲骨文等地下发掘的史料为据，运用马克思主义的观点，对中国古代社会作出了新的解释。

　　他回忆说，"在当初，我第一次接触甲骨文字时，那是一片墨黑的东西，但一找到门径，差不多只有一两天工夫，便完全解除了他的秘密。这倒也并不是我一个人有什么了不起的本领，而是我应该向一位替我们把门径开辟出来了的大师，表示虔诚的谢意的。这位大师是谁呢？就是1927年当北伐军进占到河南的时候，在北平跳水死了的那位王国维了。

"王国维的存在，我本来早就知道。在他生前，我读过他的一部《宋元戏曲考》，虽然佩服他的治学方法的坚实和创获的丰富，但并没有去追求过他的全部。他在中国古代史，在甲骨文字的解释上，竟已经建树了那样划时代的不朽的伟业，我是一点也不知道的。读到了《殷墟书契考释》，对于他的感佩又更加深化了。那书中一首一尾都有他做的序，不仅内容充实，前所未有，而文笔美畅，声光没然，真正是令人神往。"①

他还回忆说："我跑东洋文库，顶勤快的就只有开始的一两个月。就在这一两个月之内，我读完了库中所藏的一切甲骨文字和金文的著作，也读完了王国维的《观堂集林》。我对于中国古代的认识算得到了一个比较可以自信的把握了。在这些书籍之外，我连带的还读到其他的东西，我读过安德生的在甘肃、河南等地的彩陶遗迹的报告，也读到了北平地质研究所的关于北京人的报告。凡是关于中国境内的考古学上的发现记载，我差不多都读了。因此关于考古学这一门学问，我也广泛地涉猎了一些。这些努力便使我写成了《卜辞中的古代社会》那一篇，文章的末尾虽然写着1929年9月20日脱稿，但大体上在1928年的10月，已经基本完成。"

郭沫若的确是个才子。他突然闯进这个新的学术领域，就取得了突破性的成就。这个成就得到了各方面学者，包括非左翼的学者的好评与重视。

当时，傅斯年就有意帮助郭沫若出版他的成果。据郭沫若回忆，关于《甲骨文字研究》的出版，费过一些周折。

---

① 《沫若文集》第八卷,344页。

图为东京有名的图书馆——东洋文库。郭沫若在这里阅读了文库在甲骨、金文方面的所有收藏及中国境内考古发掘的所有文字记载

坐落于东京本乡区的文求堂是一家以经营中日两国古籍而驰名的日本书店，承印发行了郭沫若于甲骨、金文、石刻研究方面的九部专著

"我从 1928 年的年底开始写作，费了将近一年工夫，勉强把初稿写成之后，我曾经邮寄北平，向燕京大学的教授容庚求教。

"寄给容庚后，他自己看了，也给过其他的人看。有一次他写信来，说中央研究院的傅孟真（斯年）希望把我的书在《集刊》上分期发表，发表完毕后再由研究院出单行本。发表费千字五元，单行本抽版税百分之十五。这本是很看得起我，这样的条件在当时也可算是相当公平，但我由于自己的洁癖，铁面拒绝了。我因为研究院是官办的，我便回了一封信去，说：'耻不食周粟。'

"我一面拒绝了别人的好意，一面却在上海方面寻找着出版的机会。我曾经托过友人向商务印书馆交涉，就在这儿我的傲慢却得到惩罚。商务的负责人连我的原稿都不想看就铁面拒绝了。商务印书馆的人们要拒绝，当有他们的充分的理由。像研究甲骨文字那样的书，首先就不能赚钱，而研究者又是我，在当时或许以为我是在发疯吧。"

后来，还是李一氓帮助联系，使郭沫若的《中国古代社会研

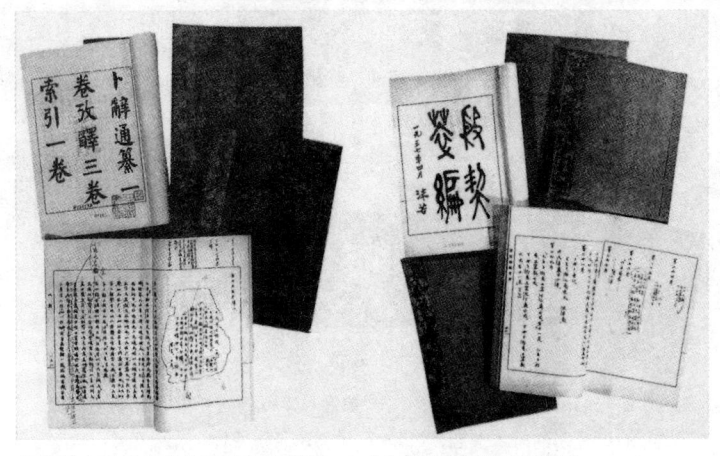

郭沫若在甲骨卜辞方面的部分著述——《卜辞通纂》《殷契萃编》

064 · 郭沫若的 30 个细节

究》、《甲骨文字研究》、《殷周青铜器铭文研究》于 1930 年和 1931 年分别在上海大东书局出版，颇受好评，确立了郭沫若的学术地位。

20 世纪 40 年代中期，顾颉刚写作《当代中国史学》一书时，对郭沫若作了这样的评价："研究社会经济史最早的大师，是郭沫若和陶希圣两位先生，事实上也只有他们两位最有成绩。郭先生应用马克思、莫尔甘等的学说，考察中国古代社会的真实情状，成《中国古代社会研究》一书。这是一部很有价值的伟著，书中所说不免有些宣传意味，但富有精深独到的见解。中国古代社会真相，是由此书后，我们才摸到一点边际。这部书的影响极大，可惜的是，受它影响最深的倒是中国古史的研究者，而一般所谓'社会史的研究者'，受他的影响却反不大，这是因为当时的'社会史研究者'，大部分只是革命的宣传家，而缺少真正的学者，所以郭先生这部伟著，在所谓'中国社会史'的论战中，反受到许多意外的不当的攻击。"

事实上，从那以后，如果不是用有力的证据推翻其中的观点，就会一直在沿用。这十年当中，他还有《卜辞通纂》、《殷契萃编》、《金文丛考》等重要历史考古学术著作。顾颉刚说，"在甲骨文的研究上，王国维之后，能继承他的是郭沫若先生。"

郭沫若在金文方面的部分著述——《殷周青铜器铭文研究》《金文丛考》

甲骨文与古史研究 · 065

1948年，中央研究院第一届院士选举时，最初人文组候选人有55人，经过五轮选举，在最后当选的28人中有郭沫若。胡适的日记中记下了他所提出的候选人，其中就有郭沫若。据说力主郭沫若当选的是傅斯年。在胡适推荐的名单中，考古组人选中董作宾排第一位。董作宾在1948年2月2日从芝加哥写信给胡适说："春间中研院邀院士，您必出席。关于考古学方面，希望您选思永或沫若，我愿放弃。因为思永兄病中，就给他一点安慰，沫若是外人，以昭大公，这事早想托您。"

20世纪50年代，中国大陆成了马克思主义史学的一统天下，最早应用马克思主义研究中国历史的郭沫若、范文澜、翦伯赞、吕振羽、侯外庐被称为史学界的"五朵金花"，以郭沫若为首。他的甲骨文研究成果又使他进入代表这一学科最高成就的"四堂一宣"之列：四堂是罗雪堂（罗振玉）、王观堂（王国维）、董彦堂（董作宾）、郭鼎堂（郭沫若），一宣即是胡厚宣。

于立群

郭沫若与于立群的婚姻曾经受到质疑：怎么能弃五个孩子与患难的妻子于不顾，半年之内就与另一女子同居，不到一年就结婚了呢？

联系郭沫若经常或短时或长时的移情别恋，甚至可以为一个素不相识女子的信去赴约，他的又一次婚变并不奇怪。

郭沫若与于立群的婚姻，同他与于立忱的一段情缘是分不开的。于立忱是于立群的姐姐。她们原籍是广西贺县，生长于北京。于立忱毕业于北京女子师范大学，与郭沫若认识时是天津《大公报》驻东京记者，据说二人"情谊甚笃"。1937年2月于立忱回国，5月自杀。自杀前的遗书写道："如此家国，如此社会，如此自身，无能为力矣。"死于对自身、对世事的绝望，可见于立忱的个性是很强的，无论是她与《大公报》主编张季鸾的情愫，还是与郭沫若的情分，都没有留住她的生命。

郭沫若1937年7月回国后，在上海结识了于立群，并留下了很深的印象，当然与于立忱有关系。那时于立群是戏剧电影界的演员，艺名黎明健，人很沉稳、矜持。她在郭沫若的眼里是：两条小辫子，一身蓝布衫，一个被阳光晒得半黑的、差不多和乡下姑娘的样子。"凤眼明贞肃，深衣色尚蓝。人前恒默默，含意若深潭。"于立群最初见到郭沫若，自然是对郭已经知道很多，她还把姐姐思念郭沫若的遗诗转交给了他。郭沫若的心绪非常不平静，心想：我有责任保护她，但愿能把爱她姐姐的心转移到她身上。此后，于立群多次与郭沫若同上前线慰问抗日将士。郭沫若一直想到南洋去，向那里的侨胞募集款项办报，或做其他文化工作。后来，他在广州谋到一笔款，在筹办《救亡日报》的过程中，又与于立群等一群南下的文化人在香港、广州相聚。

这中间陈诚从武汉打电报来，让他去武汉，参加筹备国民党政治部第三厅的工作，准备委任他为厅长，主持抗战时期的宣传。因为他毕竟在北伐时与国民党有过合作，抗战他能够回国，也是因为国民党解除了对他的通缉，想利用他的声名。此时的郭沫若已非北伐时期的郭沫若了。郭本不想参加这项工作，认为冰炭难以相容。但是周恩来让他考虑答应，说："如果你做第三厅厅长，我才可考虑接受他们的政治部副部长（陈诚任部长）。"郭沫若答应去武汉与陈诚谈谈。这时于立群也要到武汉，想经八路军办事处介绍到陕北读书。行前他们在新亚酒店等待《救亡日报》的主编夏衍来接手郭沫若的工作，这时郭沫若与于立群已日日在一起写颜体大字了。于立群有家传，写得一手好颜体字。夏衍在送他们上火车时曾开玩笑地对于立群说：到那边（指去陕北），不要和别人"拍拖"呀！郭沫若心说：我在精神上已经紧紧"拍拖"住她了。可见这时他们的关系已非同一般。

郭沫若、于立群1938年在武汉

郭沫若到武汉，感到陈诚对他的诚意不够。向陈诚提出当厅长的三项条件后，一气之下，就去了长沙。他还是想从那里去南洋。这时是1938年2月，他已同于立群同居一个月了。他去长沙前对于立群说："我要到长沙去，说不定不会再回来了。你去陕北，我们虽然相隔遥远了，但后会有期。"于立群沉默不语，很是忧郁。这时从郭沫若的态度上看，他是否与于立群结婚并不一定。如果以后长时间不见，那也不过只是又一段情缘而已。后来，周恩来还是派于立群把郭沫若叫了回来。很多人都认为，能让郭沫若回到武汉，是来自于立群爱情的力量。郭沫若与于立群一回到武汉，从此就住在了一起。当初建议于立群去陕北的是郭沫若，现在两人的感情已发展到于立群不能再去陕北了。之后，他们又同住在重庆观音岩下张家园内。1939年4月，他们的第一个儿子郭汉英出世。

郭沫若的这次婚姻得到了共产党人的促进。他们力促郭沫若重新建立家庭的理由可以这样理解：中日交战是持久战，国与国之间的封锁将会是长期的，郭沫若已被树为文化界的旗帜，如果他的妻子是中

周恩来、邓颖超在纪念郭沫若归国四周年时与郭沫若、于立群及孩子们的合影

国人,当然比日本人更合适。

郭沫若在抗战期间所有的工作与于立群对他的支持、体贴是分不开的。从抗战开始到1948年,他们已有五个孩子,也可以说明问题。

当然,在婚姻爱情问题上,郭沫若仍有忏悔意识,使他一生都得不到安宁。比如对张琼华,他说:"我一生如果有应该要忏悔的事,这要算是最大的一件。"但是正如阎开振在《剪不断,理还乱》一文中所说:"深受民主与自由思想洗礼的郭沫若是不以性爱为恶的,他的罪恶感来自'爱情至上'的追求与道德的冲突。"比如:他"一方面要恋爱自由,一方面又感到自己已婚男性的卑鄙、肮脏,与安娜结婚便破坏了她少女的童贞,玷污了纯洁的爱情。而娶于立群之后,忏悔的表现是对安娜的念念不忘和对'别妇抛雏'原因的不停阐释。尽管有为自己开脱责任之嫌,但毕竟是一种真诚的痛悔,以至于淡化了对于立群的爱情"①。

总之,在自由与责任方面,郭沫若有负于与他有过深刻关系的几个女性。

---

① 《众人眼里的郭沫若》,第144页,鹭江出版社,1993年。

第三厅

1937年7月7日"卢沟桥事变",7月27日郭沫若结束了在日本十年的亡命生涯回到上海。回来后就立即投入了抗日斗争救亡的宣传、鼓动中去……发表演说,组织文化工作队,创办《救亡日报》。郭沫若回到祖国,在抗日初期最突出的活动身影,是领导了国民党军事委员会政治部第三厅的工作。这段经历,从1938年初到1940年9月,虽不到三年时间,却很曲折。

1937年5月,郭沫若连续收到郁达夫的两封信。郁急于通知他:为他回国的事,经长期奔走,已有眉目。信中说,他收到南京的来

"国族到了垂危的时候,谁还能安闲地专顾自己一身一家的安全?"渴望早日投身抗日救亡洪流的郭沫若经过周密安排,于 1937 年 7 月 24 日摆脱日本当局的监视,只身登上返回祖国的海轮。图为 1937 年夏,郭沫若与家人的最后一次合影

电,让他致书郭沫若,告之蒋介石对他要有所借重,希望他速归。至于南京方面为什么会召郭沫若回国,郁在信中提到,是福建省主席陈公洽,宣传部长邵力子,还有何廉、钱大钧等人"均系进言者"。这其中还有什么奥妙? 郭后来才清楚,原来,由于他的甲骨、金文研究上的成就,引起了西园寺公望的注意。这位颇有名望的日本政界元老认为一个 40 岁上下的人能取得这样的成绩太不容易了。日本报纸将这个消息当做新闻报道出来,1934 年上海《社会新闻》曾刊出《郭沫若受知西园寺》一文,称西园寺十分赞赏《中国古代社会研究》及其有关古文字研究著作。当时国民党方面是想以这种新闻来说明郭沫若投靠西园寺当了汉奸。到了 1937 年,据说国民党亲日派张群、何应钦等为了与日本勾结,便想到郭沫若与西园寺公望的关系可以利用,于是就请陈公洽托郁达夫转告郭沫若可以回来。回国有望,郭沫若非

常兴奋。就给郁达夫回信说，有两件事需要当局预先办好，一是取消通缉的手续，二是汇上足够的旅费。郁达夫原来说"此事当能在十日之内办妥"，但是一个多月过去了还未有音讯。七七事变爆发后，郭已等不及，他知道了国民党对他的态度，便在友人钱瘦铁、金祖同的帮助下，贸然回国了。

1937年7月27日，郭沫若避开了日本警察的严密监视，逃离日本回到上海，国民党政府行政院政务处处长何廉专程从南京赶来迎接。郁达夫接到中国驻日本大使馆的电报，专程从福建赶到上海迎接郭沫若。接下来原创造社、太阳社成员和一些旧友新知沈尹默、姚潜修、张凤举、李初梨、郑伯奇、阿英、叶灵凤、周宪文等陆续来访、宴请、畅谈。7月30日，国民党当局发布消息取消对郭沫若的通缉令。共产党方面事先并不知道他要回国的消息。三天后，共产党方面负责人潘汉年才知道郭沫若回国，并马上报告中共中央。中央明确指示由夏衍充当郭的助手。潘汉年对夏衍说，郭沫若是大作家，而且是战士，国内外都有影响，在这个时候对党对抗战可以起很大的作用。但他究竟过了十年书斋生活，对国内的情况难免生疏。他的各方面的朋友很多，有些人要来看他，让夏衍及时把这些人的政治态度告诉郭沫若。8月2日郭沫若在中国文艺协会上海分会和上海文艺界救亡协会举行的欢迎会致完答词，最后还含泪朗诵了他那首步鲁迅韵所作的七律："又当投笔请缨时，别妇抛雏断藕丝……"使满座兴叹。

夏衍在《懒寻旧梦录》中回忆："沫若回到上海大约十天后，潘汉年向沫若和我传达了恩来同志的口信，由于当时已经考虑到《新华日报》不可能很快出版，所以明确地决定，由上海'文救'，出一张日报。于是，我们和胡愈之、郑振铎、张志让等商量后，决定出一张四开的、有国民党人参加的、统一战线性质的'文救'机关报。由郭沫若任社长。"8月中旬，郭沫若、潘汉年、夏衍三人找到潘公展商谈，双方决定，各派一主编（"文救"方面派的是夏衍；潘公展派的是樊仲云），各出500元钱。这样，郭沫若回国后的第一件大事就是办《救亡日报》，并于8月24日问世了。

在民众抗日的热潮中，郭沫若立即投身抗日救亡的宣传活动，领导上海市文化界救亡协会，为中共上海地下党办的宣传抗日的《早报》编副刊，他的一些旧体和自由体的诗及社论、通讯又在报刊上出现了。他应陈诚之请，组织了三个战地服务团，分别到陈诚总部和张发奎、罗卓英部队负责宣传服务工作。每团三四十人，人选由郭决定，生活费及服装均由军部供应。在潘汉年、夏衍的协助下，杜国庠、左洪涛、钱亦石三名共产党员分别为战地服务团团长，许多文学、戏剧、电影、绘画、音乐工作者十分踊跃地参加，顺利开赴到前线做宣传、鼓动、服务工作。郭沫若还到苏州、南京、嘉定等地考察、慰问。在两个月的抗战中，他感受到了军民的抗战热情。他说"武装着的同胞们是以自己的血、自己的肉，来写着民族解放的历史"。他说抗战振作了民族的精神，"把罩在我们民族头上陈陈相因的耻辱、悲愁、焦躁、愤懑，一扫而空了"。而他自己也感觉到"额上的皱纹，眉间的郁浪"，似乎也"随着这民族的觉醒的机运而消逝了"。

1937年9月23日，郭沫若抵南京，访过八路军办事处的叶剑英后，又访邵力子、陈铭枢等人。次日蒋介石接见了他。蒋介石希望郭沫若留在南京，准备给他安排一个"相当的职务"。蒋介石说："一切会议你都不必出席，你只消一面做文章，一面研究你的学问好了。"还问到他对甲骨文、金文今后是否有继续研究下去的兴趣。蒋

1937年7月27日，郭沫若回到阔别十年的祖国。图为郭沫若手写《归国杂吟》之一、之二、之三、之四的墨迹介石表示，将来可以设法帮助他把散在欧美各国的古器物学的材料收集起来。郭沫若说："古器物学的研究，在中国似乎有成为一般趣味的倾向，但我自己回到中国仅仅两月，对于那些研究好像隔了两个世纪。沉潜在那些里，在我自己倒是一种危机。"他向蒋介石表示："没有可能参加任何的机构"，"文章我一定做，但名义我不敢接受"。实际上谢绝了蒋介石对他的安排。

1937年11月12日，上海沦陷，郭沫若和夏衍于8月下旬创办的《救亡日报》被迫停刊。

郭沫若11月27日离开上海。据他在《洪波曲》中回忆，他是打算以香港为中转地，再到南洋去募集抗日宣传的资金。但有朋友劝他，到南洋也不一定有把握，不妨在国内先搞好一个基础再出去募集，他就想先把《救亡日报》恢复起来。于是同林林、姚潜修、叶文津、郁风、于立群等一群朋友从香港到了广州。他在广州四处奔走，多处碰壁之后，得到广东军人余汉谋的支持，余答应每月捐助毫洋一千元，作为《救亡日报》的经费。这样《救亡日报》复刊有了着落。这时候，郭沫若还想到南洋，先是请林林、姚潜修、叶文津、郁风帮忙编辑报纸，又打电报请总编辑夏衍接替他。《救亡日报》1938年元旦在广州复刊。他在复刊词中指出："文化若亡，民族将永归沦陷。"关于在广州恢复《救亡日报》的事情，据夏衍说，上海失守前，周恩来就已经决定，上海失守后，就转到广州复刊。夏衍说："在这三个月内，我和郭沫若的接触中，察觉到郭沫若对自己今后的工作，还没有打定主意，在性格上，他依旧是个浪漫主义诗人……当他知道周扬、初梨等去了延安，他就责怪汉年为什么不让他同去。当我和他谈到《救亡日报》经济困难，是否可以派人到南洋去向华侨筹

上海沦陷后,郭沫若经香港抵广州,多方斡旋,筹集经费,使《救亡日报》于1938年元旦在广州复刊。他在复刊词中指出:"文化若亡,民族将永归沦陷。"号召在文化战线上摧毁敌人的伎俩,鼓荡起民族的忠贞之气。图为当时在广州的郭沫若

款的时候，他毫不思索地说：'我去！那边我有朋友，也可以做华侨工作。'总的说来，他有点'前途渺茫'之感。我把这种感觉到的情况告诉了汉年，他说：郭今后的动向，要等恩来的……我们决定，以林林、周钢鸣、叶文津三人为主，准备迁穗的筹备工作。""对于上海沦陷后的工作，我记得'文救'还开过一次理事会，郭沫若、胡愈之、张志让、郑振铎、阿英、萨空了……都参加了。郭沫若对《救亡日报》决定迁穗的事作了简单的报告，我做了补充……社长仍由郭先生担任，国共双方的总编辑不变……"[1]

就在郭沫若等待夏衍赴穗之际，有一天，郭沫若接到了武汉发来的电报："有要事奉商，希即命驾，陈诚。"自京沪失守后，军事和政治中心已经到了武汉，当时陈诚在武汉担任警备司令。郭沫若决定去一趟武汉。在等待夏衍的时间，他和于立群住在新亚酒楼，每天在一块写颜体大字。

郭沫若到了汉口由叶挺陪同见了黄琪翔，他才明白，原来国民党军队又打算恢复政治部，由陈诚担任部长，周恩来和黄琪翔任副部长，下分设四个厅，总务厅之外设一、二、三厅，一厅管军中党务，二厅管民众组织，三厅管宣传，他们的意思是让郭沫若任三厅厅长。郭沫若到八路军办事处向周恩来提出，他不愿意做这个官。在场的有邓颖超、王明、博古、林伯渠、董必武。他说，理由一是自己的耳朵聋，不适宜干这项工作；二是在国民党支配下做宣传工作，只能替反动派卖膏药，帮助欺骗；三是自己处在自由的地位说话，比加入了不能自主的政府机构，应该更有效力一点。另外他还有一种顾虑，怕做

---

[1] 夏衍：《懒寻旧梦录》，三联书店，1985年。

了官，青年人不会谅解他。王明认为，能到国民党内部工作，是共产党好不容易争取来的。现在能让两方面都接受的人不多，我们应该争取这项工作。周恩来说，"你可以考虑，不要把宣传工作看得太简单了。"还说，"有你做三厅厅长，我才考虑接受他们的副部长，不然那是毫无意义的。郭沫若认定国民党让他去，肯定是做傀儡。后来果然不出所料，安排的第一厅厅长是贺衷寒，第二厅厅长是康泽，第三厅副厅长是刘健群，都是国民党嫡系。郭沫若对陈诚说："刘健群是一位干才，就让他做厅长好了，何必要把我的名字加上呢？"陈诚说："你的大名连借用一下都不允许吗？"不经意之间，让郭沫若看出了他们的用心，果真把他当傀儡！还有一次，陈诚以"请吃饭"的名义，召开了一次部务会议，所拟请的高级官员都来了，单单没有周恩来，郭沫若非常气愤，"差不多快要光火了"。在这次会上他发言首先拒绝了第三厅厅长职务，并以一个朋友的身份，说明宣传工作的困难及其重要，希望陈诚改变门禁森严的状态。而后，郭沫若一气之下连周恩来都不想见，怕他挽留，就离开武汉去了长沙，想从那里继续去南洋。他请人转告周恩来："让我担任三厅厅长，我的要求是，一、工作计划事先拟定，不受牵制；二、人事必须有相对的自由；三、经费确定，预算由我们来定。"

郭沫若到长沙，受到老朋友田汉等人的热情欢迎和款待。但是武汉方面的朋友时有来信，让他不要感情用事。他很矛盾，以他的身份怎样更能为抗战尽力？他当然觉得还是不去南洋的好。况且又很牵挂于立群，这时他感到同于立群的感情已到了难于分离的程度。如果他去了南洋，于立群就会去延安，从此也就各奔东西了。陈诚也有几次电报到长沙，表示一切问题都可以当面商量。甚至表示，要等郭沫若回去，三厅才开始组织。后来周恩来派于立群从武汉到长沙，告诉郭沫若，陈诚对周恩来有了明白的表示，要郭沫若立即回去。还说副厅长人选也不成问题，那位刘健群惹出了桃红事件，已经跑到重庆去了。这时田汉在一旁也催促："还有什么值得考虑的呢？我不入地狱，谁入地狱！朋友们都在地狱门口等着，难道你一个人还要留天堂里吗？"郭沫若问田汉："那么，你是愿意入地狱了？"田汉说："当然，不会让你一个人受罪！"郭沫若说："好吧，我们就去受罪吧……"田汉将正在办的《抗日日报》交给别人来办，同郭沫若一道去了武汉。

郭沫若回到汉口，陈诚赶来看他，答应了他的三项条件。郭沫若问事业费究竟可以给多少，陈诚答道："国防军少编两军人，你总会够用了吧？"当时国民党的一个军人，月费是在40万元左右。（但是后来根本没有兑现。郭沫若组织人搞过两次预算，都被搁到一边。直到武汉撤退，政治部迁到衡阳之后，才批准了4万元的预算，只相当于陈诚答应的数目的二十分之一。）经过一番曲折，政治部三厅在郭沫若的主持下于1938年4月1日"正式开锣"了。

凭着全民抗战的旗帜，凭着郭沫若在文化界的威望，大批的从事文化宣传和文艺工作的人才都聚集到第三厅来了。郭沫若邀请阳翰笙为主任秘书，傅抱石为秘书。按照政治部的统一编制，三厅下设三处九科。按大顺序排，第五处掌管动员工作，由胡愈之任处长，其下第一科负责文字编纂，科长徐寿轩，第二科负责民众运动，科长张志让，第三科负责总务、印刷，科长尹伯休；第六处掌管艺术宣传，由田汉任处长，其下第一科负责戏剧、音乐，科长洪深，第二科负责电影制放，科长由中国电影制片厂厂长郑用之兼任，第三科负责绘画、木刻，科长徐悲鸿；第七处掌管对敌宣传，处长本拟请郁达夫担任，因郁达夫在福建，一时赶不到，便请范寿康担任，其下第一科负责设计和日文翻译，科长杜守素，第二科负责国际情报，科长董维键，第三科负责日文制作，科长冯乃超。此外还有许多科员如史东山、应云卫、马彦祥、冼星海、张曙、杜国庠等，差不多都是国内知名的文化人，在各自的领域都有很高的地位。所有的人都是一接到邀请便来赴任，只有徐悲鸿到武汉后，因接待者失礼而离去。如此强大的阵容实属罕有，使陈诚和整个政治部都感到惊诧。第三厅设在武昌城内西北隅的昙花林，各处、科、室有300余人，加上"八一三"后由于伶、张庚负责组织的12个救亡演剧队到武汉会师后，改编为由政治部三厅直接领导的抗敌演剧队、孩子剧团、抗敌宣传4队、漫画宣传队1队，共约2000人。

随着全面抗战的展开，国共两党实现第二次合作。国民政府恢复了北伐时期的政治部，由陈诚任部长，周恩来、黄琪翔任副部长。1938年1月1日，陈诚接受周恩来提议，电邀郭沫若赴武汉。6日，郭沫若和于立群由广州起程，与在车站送行的林林（左一）、叶文津（左二）、欧阳山（左三）等合影留念

三厅一开张，为动员抗战，振奋精神，立即组织了"扩大宣传周"活动，把整个武汉三镇的一切文化宣传力量和党政军民全部组织了起来，连续七天，每天都有一个中心活动，如歌咏日、戏剧日、电影日、漫画日等，当天晚上还组织了全城数十万人的火炬大游行。在这期间，又传来台儿庄大战胜利的消息，宣传周如火上浇油，使整个武汉三镇沸腾起来！长江两岸火炬通明，《义勇军进行曲》《大刀进行曲》等歌声嘹亮。

接下来是连续三天的七七事变纪念周活动。特别是其中的献金活动，更是把纪念活动推向高潮。据统计，献金人数在100万人以上，所献各种金银财物折合法币总数达100万元以上。很多人一献再献，连献十次、二十次！这活动完全出于郭沫若的设计，也由于他的坚持才得以进行。可见，人民群众的抗战热情和郭沫若极易高涨的热情，达到了空前的统一。

郭沫若还多次深入前线，鼓舞士气，组织抗敌演剧队去台儿庄前线进行宣传。给受当局阻挠的新闻记者签发前线采访通行证，设立战地文化服务站，筹办运输车辆，把慰劳物资、医药用品和宣传印刷品送上前线等，并撰写了《鲁南胜利之外因》《纪念台儿庄》《来他个"四面倭歌"》等文章，做了大量的抗日宣传和战地服务工作。

后来战局急转直下，郭沫若又投入到保卫大武汉运动中，随后是武汉撤退、长沙大火、流亡桂林，在所有这些活动与事件中，郭沫若和他所领导的三厅工作人员都发挥了重要作用。

1939年1月，国民党通过了《限制异党的办法》，确定了"溶共、防共、限共、反共"的方针。在这种形势下，郭沫若和三厅的活动对国民党来说已完全失去意义，必然受到限制。1938年年底，郭沫

三厅成立后在国统区开展了大规模的抗日宣传活动。郭沫若与三厅成员筹划组织的抗战扩大宣传周和"七七"献金运动使武汉三镇为之鼎沸。图为郭沫若在武汉街头带领群众游行的情景

若来到重庆。1940年秋，国民党当局限令三厅人员"要抗日必须加入国民党，否则即作离厅论"，遭到郭沫若和三厅人员的抵制。蒋介石下令免去其第三厅厅长职务，调任为政治部部务委员，同时调任周恩来为政治部指导委员。三厅人员闻讯后集体辞职，以示抗议。迫于形势，国民党方面决定另组文化工作委员会，给了郭沫若一个文化工作委员会主任的闲名。郭沫若说他是"花瓶"。

在周恩来、郭沫若领导下的第三厅，抗战初期确实立下了大功劳，显示出共产党和一些左翼人士在文化界的活动能量和强大号召力。郭沫若担任厅长虽然时间不长，却成为奠定他左翼文化领袖地位的重要契机。这期间，第三厅领导下的十几个抗敌演剧队一直活跃在大后方，进行了广泛的爱国抗日的宣传，后来其中相当一部分人成为延安乃至中华人民共和国成立后文化战线的领导和骨干。到今天，一些老干部也以在第三厅领导下工作为参加革命的标志。

图为1940年夏秋之际,筹建文化工作委员会时的郭沫若

秘密党员和党喇叭

郭沫若在中国政治舞台上活跃了近 60 年，公开地以共产党员的身份活动的历史只有两段，一段是南昌起义后入党到 1928 年旅居日本前的一年时间，一段是他人生最后的 20 年。以至于，很长时间郭沫若都是无党派民主人士的代表。对此，家里人是不满意的。他女儿郭平英有一篇文章回忆她 60 年代在师大女附中读书时说，"班上出身革命干部、革命军人的同学比小学时多了许多。""正从那时起，我开始意识到一些同学脸上带着一种眼神，那眼里有自豪、自信和几分神圣的骄傲，似乎从高处俯视着那些非'革干'、非'革军'出身的同学。我开始间或地听到'郭沫若在大革命失败以后自行脱党'的议论，语气中传递着作为'革干'、'革军'的家长们对知识分子，特别是来自国统区的知识分子某些偏见。""我懊悔有这样一个知名的家长，让人评头论足，还不如生在一个普普通通的人家里，反倒自在、舒畅一些。"1969年开九大，郭沫若是中央委员候选人。填表时秘书拟的是"1927年入党，后脱党，1958年重新入党"，于立群不同意。最后决定只提1958年入党，以前的事暂不提。

1958年，公开宣布郭沫若、李四光、李德全等人加入中国共产党，在当时是一件很有影响的事。陈明远和郭沫若比赛，看他先入共青团，还是郭沫若先入共产党，也算当时的一段争取进步的佳话。然而，不论是家属的委屈，还是陈明远的天真，都基于一个没有披露的事实，郭沫若其实是以无党派民主人士面貌出现的秘密党员。

郭沫若去世以后，中共中央宣布，他的党龄从1927年算起。他是1927年南昌起义后，在行军途中经周恩来和李一氓介绍加入中国共产党的，到1978年逝世为止，一共51年。

有人提出，郭沫若在大革命失败后去了日本，是自由行动，是自动脱党，所以是新中国成立后重新入党。当时在周恩来身边工作的吴奚如否定了这种说法。他在《郭沫若与中国共产党的关系》一文中说，"郭老去日隐居，专心从事学术研究和著作，那是经过党中央决定，保留党籍，完成党给予他的一项重大任务的。当年，白色恐怖遍及全国，一部分党员投身于农村的如火如荼的武装斗争，一部分党员留在（国民党统治区）进行地下斗争而不断遭受国民党的逮捕和杀害。郭老当时已经是著名的革命文学家、政治活动家，而且许多国民党人都认识。按当时他个人的具体条件，党不能把他当作一个普通党员派到乡村去打游击，也不能让他继续留在上海提倡'普罗文学'，听任国民党的杀害。 当年，党中央为了爱护像郭老这样在社会上、学术界有名望的党员，决定派他们到国外去隐居，专心从事学术研究，成为有声誉的专家，以期在中国革命胜利后回国成为文化界的领袖人物，建设新中国的无产阶级文化的基石。 当年，合乎这个条件的党员，除了郭老外，还有钱亦石同志和董老等。"[1] 1937年抗战爆发，郭沫若"一从日本平安回到上海，就恢复了党籍，叫做特别党员，以无党派人士身份出现，参加公开的抗日民主活动，去带动当时广大的民主人士向中央靠拢，起了比一个党员更大的作用。 他当时是特别党员，受党中央长江局周恩来同志等少数负责人直线领导，不过党的小组生活，不和地方党委发生关系。 他在被周恩来同志委派出任国民党军委政治部第三厅中将厅长时，只让三厅的党特支三个负责人（冯乃超、刘季平、张光年）知道他的特别党员身份，秘密出席党中央长江局有关第三厅工作的重大会议。 在第三厅组成之前，郭沫若曾经和叶挺住在一道——原汉口日本租界太和里，有时自己不满党外民主人士这一身份的寂寞，就激情洋溢地来到长江局，向周恩来书记请命：'让我住到长江局（当时对外叫做八路军武汉办事处）来，以公开党员的身份进行痛痛快快的工作嘛！'周恩来总是以老战友的情谊，对郭沫若慰勉交加，请他还是以非党人士忍受内心的'寂寞'。 就连于立群在1938年5月加入中国共产党，也是由邓颖超和郭沫若做入党介绍人。 邓颖超当时是这样通知于立群的：

---

[1] 吴奚如：《郭沫若与中国共产党的关系》，引自《众人眼里的郭沫若》，第271页，鹭江出版社，1993年。

亲爱的媳妇——小于：

好多天不见你，常常想念你那个小样，怪可爱的。

你最惦着的问题，已经代你办好了。我和沫若兄二人作介绍人，请你准备好加入进来罢。

外附给沫若兄的收条，请转给他为荷！匆匆不尽，庐山回来见！

你的妈妈

五月十八日"①

1938年夏，中共中央根据周恩来的建议，作出党内决定：以郭沫若为鲁迅的继承者，中国文化界的领袖，并由全国各地党组织向党内外传达，以奠定郭沫若同志的文化界领袖的地位。郭沫若到1958年才结束非党人士身份，对社会宣告重新入党，成为公开的共产党员。

周恩来的安排，的确不失为统战的一着高棋。那些"革干"、"革军"子女毕竟年轻，哪里懂得像郭沫若这样的秘密党员，其作用绝非一般公开党员能比。无党派民主人士的身份不但在共产党夺取政权时便于影响中间派，而且在执政之初也便于平衡政府组成人员的比例。郭沫若如果以共产党员身份担任政务院副总理，那中华人民共和国成立时共产党方面的副总理就不是二分之一，而是四分之三了。当时，第一届中央人民政府组成人员中的秘密党员不止郭沫若一个，至少还有财政部副部长王绍鏊（中国民主促进会），贸易部副部长沙千里（中国人民救国会），纺织工业部副部长陈维稷（民主建国会），

---

① 见郭庶英：《我的父亲郭沫若》，第33页，辽宁人民出版社，2004年2月出版。

轻工业部副部长王新元（民主建国会），林垦部副部长李相符（中国民主同盟），教育部副部长韦悫，出版总署署长胡愈之（中国民主同盟），副署长周建人（中国民主促进会）是身份保密的中共特别党员。这就使第一届中央人民政府组成人员中的非中共人士，表面上占45%，实际上只占三分之一。

然而，作为秘密党员的郭沫若，其组织观念之强，却非一般党员可比。这也是郭沫若从抗日战争到去世，一直紧跟毛泽东的一个心理依据。

不但是党的最高领导，就是代表党与他直接联络的任何人，不论资历年龄是否不如他，他从来都听从安排，以党的意志为依归。林林写过一篇文章，题为《这是党喇叭的精神》。文中说道："1948年郭老已从重庆来到香港，暂住在九龙山林道的一幢楼上。当时又逢鲁迅逝世纪念日，香港文学组织负责同志，要我请郭老出席讲话，我就到他家里说明来意，郭老问我，你们大伙打算怎样纪念鲁迅？我答说，我们商量这次纪念鲁迅主要联系当前反蒋的解放斗争，说明四点，一是什么，二是什么，把四点内容说了一遍，他留心地听着。我说，这只供先生参考，先生还是发挥您自己的见解。

"从九龙渡过海，到了六国饭店大厅会场，群众大都来了，不免打打招呼。郭老走到我身边来了，低声对我说，'你对我说四点，我只记住三点，还有一点忘记了，你再说一下。'我没有想到先生这么认真，就把他忘记的那一点告诉他，以为这就了事了。殊不知到了会议就要宣布开始之前，他因和朋友打招呼，又忘记了那一点，又跑到后座的地方来问我，于是我又说一遍，心里十分后悔不应该不写个字面给他，但我当时却没有想到他一定要照我们那四点来讲。

1949年1月22日,郭沫若录两年前旧作《再用鲁迅韵书怀》:"赴汤蹈火此其时,效命尤欣鬓未丝。五十六年余白骨,八千里路赴红旗。讴歌槌来翻身日,创造工农革命诗。北极不移先导在,长风浩荡送征衣。"在跋中补记道:"一九四七年十一月十三日离沪赴港之前夕用鲁迅韵书怀,今来解放区始获酬宿志,而忽忽已一年有奇矣。所赴蹈者非汤非火,直是乐土乐国,诚为始料所不及,然此乃多少人民之鲜血所换得耶?"

"郭老讲话了,他照着这四点逐点发挥,非常切合当时的政治和思想的情况。当时参加纪念会的同志,当能回忆起那次激动人心的演说。之后,我和有关同志谈了郭老如何尊重组织决定的意见,我认为这就是党喇叭的精神。"

石西民也在文章《革命家郭沫若》中提到郭沫若说过:"党决定了,我就照办;要我做喇叭,我就做喇叭。"[①]应该说,他这种党喇叭精神一贯始终,至死不变。

---

① 引自《众人眼里的郭沫若》,第287~288页,鹭江出版社,1993年。

五十大寿

郭沫若生于1892年，他的50岁生日应当是1942年。但中国人过生日习惯按虚岁，所以郭沫若在1941年11月16日隆重地庆祝了五十大寿。这次做寿搞得极其隆重。重庆、桂林、延安、香港乃至新加坡都举行了庆祝集会。重庆的庆祝会有两千多人参加，冯玉祥主持，周恩来、黄炎培、沈钧儒、老舍、张申府、张道藩、梁寒操、潘公展发表了贺词。为一个在世的中年文化人做寿，可谓盛况空前。

给郭沫若做寿是周恩来的提议。早在一个多月以前，周恩来、阳翰笙来到被戏称为"蜗居"的重庆天官街四号三楼郭沫若家，提出庆

1941年11月16日，重庆、延安、成都、桂林、昆明、香港等地的文化界及各党派著名人士分别举行庆祝郭沫若创作生活25周年及50寿辰的庆祝会。重庆的庆祝活动由周恩来、冯玉祥、孙科、梁寒操、梁漱溟、陈布雷、黄炎培、沈钧儒等100余人联合发起。图为由发起人签名书写的"纪念缘起"。

祝郭沫若诞辰50周年和创作25周年的动议。郭沫若说："我没有什么重大的贡献，不必了吧！"周恩来说："为你做寿，是一场意义重大的政治斗争。通过这次斗争，我们可以动员一切民主进步力量，来冲破敌人政治上和文化上的法西斯统治。"并当场指定阳翰笙负责，并以中共南方局的名义通电成都、昆明、桂林、延安、香港等地党组织，让各地密切配合。

重庆《新华日报》为这一纪念活动编排的纪念特刊，刊头题字为周恩来手写

如此隆重地给郭沫若做寿，在当时，的确是一种政治斗争的需要。这年的1月，发生皖南事变，国共合作的局面出现空前危机，共产党受到国民党军事的打击和政治的压迫。为郭沫若做寿，在政治上

含有向国民党示威的意味。但郭沫若又不是公开的共产党员，表面上只是一个亲共的文化名流，国民党方面也不好公开反对。共产党在都市力量薄弱，周恩来深知文化的号召力。对于知识界和广大市民来说，共产党树起郭沫若这面旗帜，又大大地有利于赢得人心。所以，这是周恩来在对共产党不利的形势下策划的一着扭转局面的高棋。

然而，从此给左翼文化名人做寿，便成为一种风气，多年之后，引起了一位自由知识分子的公开批评。

1947年3月12日，是田汉的五十大寿，洪深通过编辑萧乾向《大公报》联系辟出专版为田汉庆贺。由于祝贺词来得不够踊跃，只好不按惯例排五号字而排成了四号字。《大公报》老板为此责问萧乾。萧乾对祝寿问题也产生了反感，便写了一篇社评《中国文艺往哪里走？》，发表在5月5日的《大公报》上，其中写道：

> 每逢人类走上集团主义，必有头目招募喽啰，因而必起偶像崇拜作用。此在政治，已误了大事；在文坛，这现象尤其不可。真正大政治家，其宣传必仰仗政绩；真正大作家，其作品便是不朽的纪念碑。近来文坛上彼此称公称老，已染上不少腐化风气，而人在中年，便大张寿筵，尤令人感到暮气。萧伯纳去年90大寿，生日那天犹为原子问题向报社投函。中国文学革命一共刚28年，这现象的确可怕得令人毛骨悚然。纪念"五四"，我们应革除文坛上的元首主义，减少文坛上的社交应酬，大家埋首创作几部硬朗作品。那样方不愧对文学革命的先驱。那样，中国文艺才有活路可走。

萧乾当时刚从英国回来不久，对国内文艺界的情况一是不了解，二是不适应，三是看不惯，于是写了这篇惹祸的文章。"茅公"倒没有介意，但"郭老"的反应相当激烈。1948年3月，他在《大众文艺丛刊》上发表了一篇题为《斥反动文艺》的文章，给萧乾以重拳回击：

什么是黑？人们在这一色下最好请想到鸦片。而我想举以为代表的，便是《大公报》的萧乾。这是标准的买办型。自命所代表的"贵族的芝兰"，其实何尝是芝兰，又何尝是贵族！舶来商品中的阿芙蓉，帝国主义者的康伯度而已！摩登得很，四万万五千万子民都被看成"夜哭的娃娃"。这位贵族钻在集御用集团之大成的《大公报》这个大反动堡垒里尽量发挥其幽渺、微妙的毒素，而与各色的御用文士如桃红小生、蓝衣警察、黄帮兄弟、白面喽啰互通声气，从枪眼中发出各色各样的乌烟瘴气。一部分人是受他麻醉着了。就和《大公报》一样，《大公报》的萧乾也起了这种麻醉读者的作用，对于这种黑色反动文艺，我今天不仅想大声疾呼，而且想代之以怒吼：

御用，御用，第三个还是御用，
今天你的元勋就是政学系的《大公》！
鸦片，鸦片，第三个还是鸦片，
今天你的贡烟就是《大公报》的萧乾！

比起杜荃对鲁迅的批判，这篇文章对沈从文、朱光潜、萧乾等人的批判火力一样猛烈,但后果却完全不可同日而语。杜荃的文章可以用误会来解释，这时已经无法损害死去后备受推崇的鲁迅。而这篇文章几乎等于政治审判，给沈、朱、萧等人后半生的命运造成了严重的后果。沈从文1949年之后就走了背字儿。新中国之初，他曾迫切希望与旧日好友、正当红的文艺官员丁玲联系，丁玲始终不肯见他，实在推却不过，还带上另一个人去见他。丁玲为什么那么怕见沈从文？是否与郭沫若的文章有关呢？因为郭的文章已经为沈从文确定了颜色。这种颜色的确定，难道是郭沫若自己能把握的吗？北京大学的学生把郭沫若的文章写成大字报贴在校园，沈从文为此割腕自杀未遂，从此中断了文学创作。萧乾在1956年以前日子还算好过，1957年被打成右派，"文革"中也自寻短见而未成。朱光潜则一再自我检讨，自我批判，在郭沫若活着的时候，一直抬不起头来。

有意思的是，郭沫若在这篇文章中说："抱歉得很，关于这位教授（朱光潜）的著作，十天以前，我实在一个字也没有读过。为了要写这篇文章，朋友才替我找了两本文学杂志来，我因此得以拜读他一篇文章《看戏与演戏》。"郭沫若抓住朱光潜在这篇文章中说的："人生有两种类型，一种是生来爱看戏的，另一种是生来爱演戏的"一句，说："我们这位当今大文艺思想家，在重庆浮屠关受训的时候，对于康泽特别'毕恭毕敬'行军礼，到底是在'看戏'，还是在'演戏'呢？"朱光潜青年时代在法国用英语写过《悲剧心理学》，30年代又有《文艺心理学》等多部著作出版，郭沫若从来没有看过。他也曾表示，他不爱看小说，从他只抓住萧乾与《大公报》的联系看，恐怕也没有看过萧乾的小说，却说萧乾是反动文艺家，有什么根据？他因萧乾对他的批评动怒反攻，为何捎上朱光潜和沈从文？为写这篇文章，他又为何专门找来朱光潜的文章看？旗手的背后，难道没有指令吗？想想林林所说，在纪念鲁迅的大会上，让郭沫若讲几条，讲什么，不是都已经确定好了的吗？当然，这时的郭沫若既充当着党喇叭，也有着个人的私怨在其中。

这里要说明的是，《大公报》是一家以"不党、不卖、不私、不盲"为宗旨的民营报纸，当时取国共之间的自由立场，对国共双方都曾有尖锐批评，其政见与郭沫若的确不同，但郭认定它属于国民党之"政学系"，乃是不实之词。政学系，本来是国民党内部以杨永泰、熊式辉、张群等人为首的一个既无组织又无纲领，只是形迹比较接近的派系。抗日战争前，就有流言说《大公报》是政学系的机关报，但也仅仅是流言而已。政学系本身没有纲领，自然也不可能给《大公报》确定思想纲领；政学系本身没有组织，也不可能派员主管机关报；经济上《大公报》一向独立，更没有来自政学系的津贴。"政学系的《大公》"这种说法虽不是郭沫若的发明，但他为了搞臭萧乾，采用了这种经不住推敲的流言。

历史剧

郭沫若的历史剧创作始于20世纪20年代初，1921年就发表过历史剧《苏武与李陵》的楔子。1923年又创作了第一部完整的历史剧《卓文君》。此剧在绍兴女子师范学院演出时引起过风波。后来，他又写了《王昭君》等历史剧。但他的历史剧真正引起轰动，还是20世纪40年代的事。

1941年，为了庆祝郭沫若五十寿辰，重庆文艺界献出了两台话剧，一出是阳翰笙的《天国春秋》，另一出是郭沫若重新修改过的早年作品《棠棣之花》。周恩来建议《棠棣之花》一剧采取全明星制，从主角到配角都由一流演员担任，于是这出戏就由石陵鹤导演，舒绣文、张瑞芳、周峰主演。由于该剧突出地颂扬了正义和团结起来反对强暴，使广大观众很容易联想到国共分裂的现实，反响极为强烈。许多观众连看三四次，周恩来竟先后看了七次。《棠棣之花》演出的成功，大大激发了郭沫若的创作历史剧的热情。有人劝郭沫若以屈原为题材再撰一剧，他欣然允诺。1942年元旦之际，郭沫若还没有动笔，报上已经预告："今年将有《汉姆雷特》和《奥赛罗》型的历史剧出现。"

周恩来知道了这件事，特意登门看望。周说：屈原这个题材好，因为屈原受迫害，才忧愤地写《离骚》。"皖南事变"后，我们也受

皖南事变后，郭沫若继改写《棠棣之花》之后，又接连创作了《屈原》《虎符》《筑》《孔雀胆》《南冠草》五部历史剧

迫害。写这个戏很有意义。郭沫若也认为，屈原的悲剧是一个时代的悲剧，他决定，把时代的愤怒复活在屈原的时代里去，借屈原的时代来象征国民党统治的时代。写这个剧时，郭沫若精神状态十分亢奋，他感到"数日来头脑特别清明，亦无别种意外之障碍。提笔写去，即不觉妙思泉涌，奔赴笔下。此种现象为历史所未有。……真是愉快"①。他一边写，一边把原稿送到文化工作委员会去刻蜡纸油印，常常是刻蜡纸的人赶不上他的写作速度。《屈原》脱稿后，郭沫若把导演陈鲤庭，演员金山、白杨、张瑞芳等人邀请到家中，周恩来也在座。他向大家介绍剧情梗概，然后连念带解释地朗诵剧本，只见他时而开怀大笑，时而义愤填膺，时而低声吟咏。有一次在金山家里聚餐，郭沫若酒后一时兴起，忽然跳到主人的床上，又满怀激情地朗诵起《雷电颂》来：

啊，这宇宙中的伟大的诗！你们风，你们雷，你们电，你们在黑暗中咆哮着，闪耀着的一切的一切，你们都是诗，都是音乐，都是跳舞。你们宇宙中伟大的艺人们呀，尽量发挥你们力量吧，发泄出无边无际的怒火把黑暗的宇宙，阴惨的宇宙，爆炸了吧！爆炸了吧！……

洁白的床单因此遭了殃，金山却说"值得，值得"，因为他又一次受到了启发。郭沫若原来打算将《屈原》写成上下两部，上部写楚怀王时代，下部写楚襄王时代，后来他打破了原计划，只写了屈原的一天——从

---

① 龚济民、方仁念：《郭沫若传》，第281页，北京十月文艺出版社，1991年。

清晨到夜半过后,"但这一天似乎已把屈原的一世都概括了"。1942年4月20日的《新华日报》第一版以醒目的字体登出了大幅广告:

《屈原》明日在国泰公演
中华剧艺社空前贡献　　沫若先生空前杰作
重庆话剧界空前演出　　音乐与戏剧空前试验

这出戏由金山饰屈原,白杨饰南后,张瑞芳饰婵娟,顾而已饰楚怀王。其余演员实际上是"留渝剧人联合公演"。戏上演以后,据说台上台下群情激昂,彼此交融成一片沸腾的海洋。重庆各报都作了报道,说是"上座之佳,空前未有","堪称绝唱"。很多人专程从成都、贵阳赶来看戏。据说当时在教室内,马路上,轮渡口,车站旁,时常听到"爆炸了吧……"的宣泄声。这种郭沫若式的倾诉,是郭沫若创造了"这一个"屈原的形象呢,还是郭沫若化身为屈原了呢?总之,屈原被高度政治化,倾泻了郭沫若对国民党的不满。

《屈原》在重庆首次公演17天,场场客满,卖出近30万人次的票。周恩来设宴祝贺《屈原》演出成功,他说:"在连续不断的反共高潮中,我们钻了国民党反动派一个空子,在戏剧舞台上打开了一个缺口。在这场特殊的战斗中,郭沫若同志立了大功。"后来,毛泽东在《看了〈逼上梁山〉以后写给延安平剧院的信》中也称赞"郭沫若在历史剧方面做了很好的工作"("文革"中,此信公开发表时,这句话有所删节)。

郭沫若有意把剧本交给主持《中央日报》副刊的孙伏园发表。有位朋友提醒他稿子会不会有"麻烦",他回答说:"我还没有把这个花瓶敲碎之前,国民党的报纸就还得给我发表剧本。"郭沫若是指国民党让他当文化工作委员会主任实际是个摆设。正如郭沫若所料,1942年1月24日至2月7日的《中央日报》副刊连载了剧本《屈原》。国民党宣传部副部长潘公展读后,看出了作者的春秋笔法,大发雷霆,指责部下:"怎么搞的?我们的报纸公然登起骂我们的东西来了!"并下令撤销了孙伏园的编辑职务。

自《屈原》之后,郭沫若又写了《虎符》,影射国民党的内外政策如同魏安釐王"消极抗秦"。接后又写《高渐离》,火药味比《虎符》要浓烈,将秦始皇暗射蒋介石。《高渐离》送审时未能通过,以至于后来一直没有上演过。而后还有《孔雀胆》、《南冠草》面世。也就是说从1941年至1943年不到两年时间,他创作了六部历史剧作。

郭沫若在回忆自己写历史剧的情况时说:"抗日战争期间特别是在重庆的几年,完全是生活在一个庞大的集中营里。七八年间,足不出青木关一步。因而也还是只好搞历史,写历史剧之类的东西。"当时搞历史剧的人不止他一人,相比较,他的剧作影响比较大。这几部剧作都是根据战国时代的历史故事写成的。究其创作的主观动因,他认为:"战国时代,整个是一个悲剧的时代……是人的牛马时代的结束。大家要求着人的生存权。""真正的历史大悲剧,是时代的转折点。新生力量刚抬头,被垂死的势力压下去,就成为历史的大悲剧。"客观地看,这几部历史剧作有一个共同的思想,就是主张联合抗战,反对分裂投降。郭沫若试图从历史中发掘民族文化的某种精神。有人从他的六部剧作看到三种思想文化体系:屈原模式、如姬模

金山饰屈原

橘颂清芬岂等闲，铁胸
铸就此风雷苍茫被发
以装狂似三闾转世来

琉芳饰婵娟

凌空辞诘一娉婷，
声泪翻飞使赢秦哑然见
女演出君合在月中成

而已饰怀王

旷代盲人数千王，麦秸
一束太荒唐，招说无计效
哀鸣举令妻人混六方

白扬饰南后

南后瞳明绝等伦，诛婵
谲用寡君均而无危策

何须问巧笑倩兮好为人

式、聂政模式。信陵君、段功、夏完淳是屈原模式的体现者，表现了一种独立不移、凛冽难犯的人格理想；婵娟、阿盖等是如姬模式的体现者，善良、温柔、正义，是为着民族英雄式的男人而出现的，以自己的鲜血绽开了男人们的生命之花；高渐离属于聂政模式，表现了杀身成仁忠勇赴死的文化精神。历史向前推进，"还须得有更多的志士仁人的血流洒出来，灌溉这株现实的蟠桃"。

但是郭沫若式的历史剧一出现，就曾有过不同的批评。早在1928年，戏剧学家顾仲彝从郭沫若的《王昭君》、《卓文君》和王独清的《贵妃之死》等历史剧中看出了某种征兆，写了一篇题为《今后的历史剧》的文章，提出历史剧离史实太远的一些现象。他说："郭沫若在《王昭君》里，说她因哥哥的自杀，所以不愿嫁给元帝去番。这样的讲法一方面不合于传说故事，另一方面也不能自圆其说。昭君出塞在正史上仅提一句，可是很早就流传下来，成为最流行的民间传说。到元代马致远手里，谱成汉宫秋，到明朝有陈典郊的昭君出塞，薛旦的昭君梦；到清朝有明月胡笳归汉将一剧，都是讲昭君。虽略有异同，但大概讲昭君不肯贿赂毛延寿，被他图上点破；后元帝偶然见了她，大惊其美，十分宠爱她；问知是延寿舞弊，欲斩他，延寿逃到匈奴，说单于指名王嫱为阏氏。汉宫官吏怕动刀兵，竭力劝元帝割舍王嫱，送给匈奴和亲。元帝不得已舍之。王昭君与元帝相别时凄凉万分。现在郭君写王昭君不但对元帝一无情感，并且还要骂他是压迫民众的帝国主义者，那历代流传下来的温柔娇丽婉啼动人的美的遗影，整个儿的弄糟了！……总之，篡改史实而于剧情毫无增益，是好像画蛇添足，徒劳无功！"

顾仲彝说："编剧最忌有明显的道德或政治目标，而尤其是历史剧。……艺术而为社会政治工具，则已不是艺术。郭沫若君的三出历史剧全是为所谓革命思想和反抗思想而作的，以王昭君为反对帝国主义的先锋，以文君为反叛礼教的勇士；……试看下面几段话有没有艺术：

昭君：啊，你深居高拱的人，你也知道人到穷荒极北是可以受苦的吗？你深居高拱的人，你为了满足你的淫欲，你可以强索天下的良家女子来恣你的奸欲。你为了保全你的宗室，你可以逼迫天下的良家子弟去填豺狼的欲壑。如今男子填不够，要用到我们女子了，要用到我们不足供你淫弄的女子了。……你今天不喜欢我，你可以把我去投荒，你明天喜欢了我，你又可以把我来供你的淫乐，把不足供你淫乐的女子又拿去投荒。……你究竟何所异于人，你独能恣肆威虐于万众之上呢？你丑，你也应该知丑！豺狼没有知丑，你居住的宫廷比豺狼的巢穴还要腥臭！……

"这是20世纪社会学家在民众前的演说词，放在数千年前娇滴滴羞答答的昭君少女口里，好像把猪耳朵装在美人头上，其怪僻奇特，可谓古往今来的对话中绝无仅有了。"①向培良在他的《所谓历史剧》一文中说郭沫若："他不是一个剧作家，他不能了解戏剧的独立和尊严，所以他所写的，或者是诗似的东西，或者是宣传主义小册子：前者如《湘累》和《棠棣之花》，后者如他的历史剧。……郭沫若的剧作，我以为并不是对戏剧的艺术有特殊的情绪，只是因为剧中人物可

---

① 《郭沫若研究资料》（中），第263～264页，中国社会科学出版社，1986年。

以张开嘴大声说话罢。所以,一切剧中人的嘴,都被他占据了,用以说他个人的话,宣传他个人的主张去了。而这种态度是如此明显,如此偏倾,所以我们决不能在他的剧本里看见他所创造的人物,有生命的,有个性的,只看见一些机械的偶像,被作者指挥着走作者所要走的路,一些机械的嘴,代替作者说他要说的话。"①在史剧理论方面,郭沫若也有自己的看法。他说:"我是喜欢研究历史的人,我也喜欢用历史的题材来写剧本或者小说。""历史的研究是力求其真实而不怕伤乎零碎,愈零碎才愈逼近真实。史剧的创作是注重在构成而务求其完整,愈完整才愈算得是构成。""历史研究是'实事求是',史剧创作是'失事求似'。""史学家是发掘历史的精神,史剧家是发展历史的精神。""他们以为史剧第一要不违背史实,但他们却没有更进一步去追求:所谓史实究竟是不是真实。""史剧家在创造剧本,并没有创造'历史',谁要你把它当成历史呢?""写历史剧可用《诗经》的赋、比、兴来代表。准确的历史剧是赋的体裁,用古代的历史来反映今天的事实是比的体裁,并不完全根据事实,而是我们在对某一段历史的事迹或某一个历史人物感到可爱可喜而加以同情,随兴之所至而写成的戏剧,就是兴(我的《孔雀胆》与《屈原》二剧就是在这个兴的条件下写成的)。"②既然提出"史实"未必都是"真实"的,那么历史剧的史实哪还有什么客观标准呢?郭沫若的史剧观可以一言以蔽之,就是史剧创作可以"失事求似"。

关于历史剧的争论,从20世纪20年代末就开始了。

---

① 《郭沫若研究资料》(中),第271页,中国社会科学出版社,1986年。
② 《郭沫若研究资料》(中),第370~371页,中国社会科学出版社,1986年。

后来，郭沫若为给中华人民共和国 10 周年国庆献礼，又写了《蔡文姬》。历史人物蔡文姬，入南匈奴 12 年后，曹操派遣使者前去，以黄金白璧，赎以归汉。文姬离开亲生儿女而归，写出了绞肠沥血的《胡笳十八拍》。诗句流传在人间，是郭沫若肯定了《胡笳十八拍》实系蔡文姬所作。他说：《蔡文姬》中"有不少关于我的感情的东西，也有不少关于我的生活的东西"。说到这里，人们不禁会想到郭沫若为了爱国，成就"大业"，将五个儿女留在日本回国的经历。他还说："我写《蔡文姬》的主要目的就是要替曹操翻案。曹操对于我们民族的发展、文化的发展，确实是有过贡献的人。在封建时代，他是一位了不起的历史人物，但以前我们受到宋以来的正统观念的束缚，对于他的评价是太不公平了。"《蔡文姬》一剧想通过"文姬归汉"的故事，表现曹操赏识人的才干，广罗人才，在发展文化上有贡献，同时也力图表现曹操的雄才大略和政治家风度。在他之后创作的《武则天》中，郭沫若也极力赞扬武则天的政治功绩和君主修养，把她说成是一个能广开言路、具有民主风度的皇帝。

由于郭沫若的剧作浪漫主义气息浓郁，虚构的成分很多，20 世纪 50 年代末 60 年代初也曾有一场声势比较大的史剧理论讨论。当时有两种对立的观点。一种以吴晗为代表，他认为"历史剧是艺术又是历史"。他说："历史剧必须有历史根据，人物、事实都要有根据……。人物事实都是虚构的，绝对不能算历史剧。人物确有其人，但事实没有或不可能发生的也不能算历史剧。比如《杨门女将》、《秦香莲》不算是历史剧而是故事剧。故事取材于传说，历史剧取材于历史真实，并且对一定历史时代有真实、本质的概括。当然，假如历史剧全和历史一样，没有加以艺术处理，有所突出、夸张、集中，那只能算历史，不能算历史剧。"另一种观点以李希凡为代表，他认为"历史剧是文艺创作"，因此，"历史剧是艺术不是历史"。他说："历史剧和历史虽然有联系，却是在性质上完全不相同的东西——历史剧是文艺创作，而历史则是过去时代事实的记录。""历史剧终归是戏，历史只是它的素材，却不能完全成为衡量它的真实性的唯一标准。因为作为戏，它还有必须遵循的艺术真实的原则。"他认为历史剧完全可以以一个历史事件为对象进行艺术再创造，完全可以从侧面创造一个艺术形象的新世界，来表现这个历史事件。鉴于郭沫若的地位、李希凡的影响，后一种观点影响很大。后来郑波光在1983年5月号的《文学评论》上发表的一篇《试论史剧理论与悲剧理论的区别》中提出了一个观点：我们过去实际混淆了悲剧理论与史剧理论的区别。他认为李希凡等人的看法，是把悲剧理论简单地运用于史剧创作了。他说，黑格尔的悲剧理论是以伦理为目的的，是对人的道德施以教化的。而史剧确实如吴晗所说：是艺术，又是历史。要把历史变为历史剧，只能在两点上下工夫：一是把历史人物性格化，二是把历史事件戏剧化。最后的结论是：悲剧要求历史服从艺术，史剧要求艺术服从历史。这是一篇很有见地的文章，对历史剧的面目有所廓清。

而关于史剧理论的讨论，应该说是源于郭沫若式的史剧创作的出现。（以上吴晗、李希凡的观点均引自郑波光的文章）

甲申三百年祭

1943 年，蒋介石署名、陶希圣执笔的《中国之命运》一书出版，其中提到，满族原是少数人口的宗族，为什么能够征服中国呢？ 明朝末年，政治腐败，思想分歧，党派倾轧，民心涣散，流寇横行。 近三百年的明室，李自成、张献忠等流寇与满族旗兵，内外交侵之下，竟以覆灭。 这是蒋介石的历史观点，李自成在这里是被同时用来影射毛泽东和共产党、八路军、新四军的。 而毛泽东的历史观则认为：农民起义是历史前进的动力，李自成不是流寇，而是农民起义的英雄。

在这样的背景下，1944 年，恰逢甲申三百年，也就是李自成率军占领北京 300 周年。共产党在重庆办的《新华日报》决定反击蒋介石，开展纪念甲申三百年的活动。1月15日，新华日报委派乔冠华，

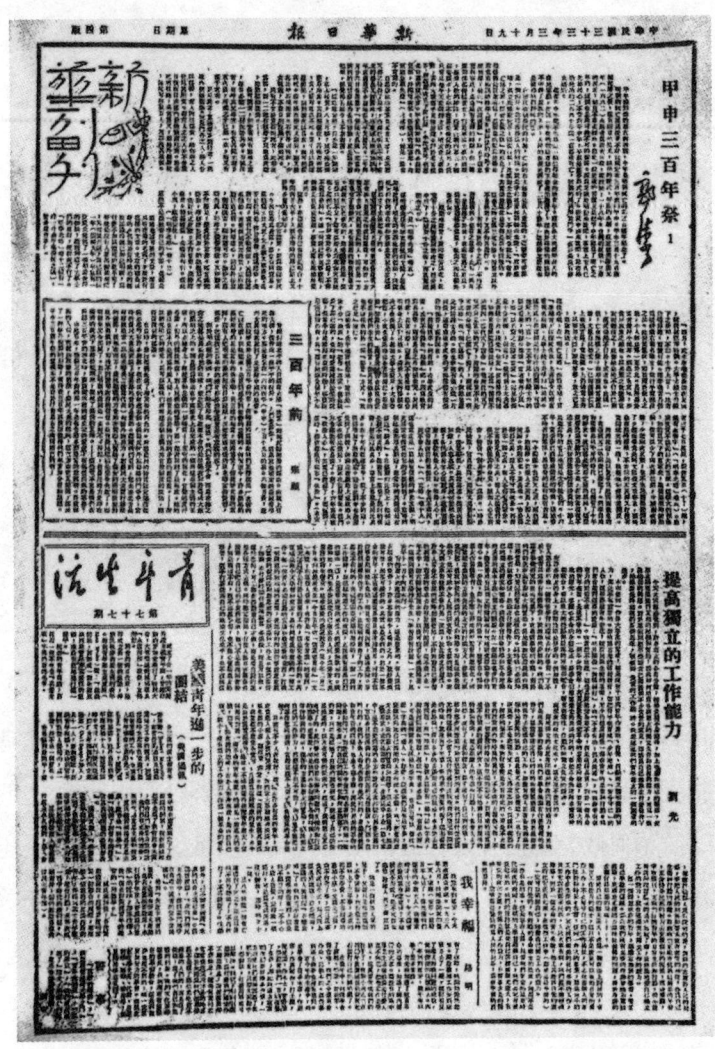

1944年3月19日至22日，重庆《新华日报》连载了郭沫若为纪念李自成领导农民起义胜利300周年而作的《甲申三百年祭》

约请了翦伯赞，来到郭沫若天官府的寓所，具体商讨此事。郭沫若当仁不让，承担了主要文章的写作任务。郭沫若花费了一个多月的时间，积极搜集材料，精心研究，反复思考。2月8日，他曾给翦伯赞去信，请教有关问题，集思广益，以便写好这篇文章。3月10日，《甲申三百年祭》终于脱稿，郭沫若又精心修改了几天，交中共南方局负责人董必武审阅。

3月19日，重庆《新华日报》开始连载这篇长文。这篇文章分析了崇祯皇帝腐朽的统治和李自成农民起义的关系。明王朝的极端专制腐败，最高统治者崇祯皇帝生性多疑、好刚尚气，结果只能是"纵贪横于京畿"，吏治败坏到极点，这样的王朝是必然要灭亡的。文章认为，从种族的立场来说，崇祯帝和牛金星所犯的过失最大，他们都可以说是种族的两位罪人。郭沫若的论述，抨击了《中国之命运》的历史观点，暗示蒋介石，像崇祯那样专制腐败的政权必然要灭亡。国民党政府如果置大敌日寇于不顾，镇压爱国民主运动，挑起"剿共"战事，继续推行法西斯专制统治，搜刮民脂民膏，必将成为种族罪人。

郭沫若的文章发表后不到20天，毛泽东在延安高级干部会议上就肯定了这篇文章，在题为《学习和时局》的报告中说："全党同志对于这几次骄傲，都要引为鉴戒。近日我们印了郭沫若论李自成的文章，也是叫同志们引为鉴戒，不要重犯胜利时骄傲的错误。"不久，林伯渠从延安来到重庆，亲口告诉郭沫若，毛主席、党中央已经决定把《甲申三百年祭》作为整风文献，在解放区普遍印发，供党内学习。郭沫若听了很激动，当晚给毛泽东写信，感谢毛泽东的鼓励。毛泽东收到他的信，又给他回了一封信——

沫若兄：

　　大示读悉。奖饰过分，十分不敢当；但当努力学习，以副故人期望。武昌分手后，成天在工作堆里，没有读书钻研机会，故对于你的成就，觉得羡慕。你的《甲申三百年祭》，我们把它当作整风文件看待。小胜即骄傲，大胜更骄傲，一次又一次吃亏，如何避免此种毛病，实在值得注意。倘能经过大手笔写一篇太平军经验，会是很有益的；但不敢作正式提议，恐怕太累你。最近看了《反正前后》，和我那时在湖南经历的，几乎一模一样，不成熟的资产阶级革命，那样的结局是不可避免的。此次抗日战争，应该是成熟了的罢，国际条件是很好的，国内靠我们努力。我虽然兢兢业业，生怕出岔子，但说不定岔子从什么地方跑来；你看到了什么错误缺点，希望随时示之。你的史论、史剧有大益于中国人民，只嫌其少，不嫌其多，精神决不会白费的，希望继续努力。恩来同志到后，此间近情当已获悉，兹不一一。我们大家都想和你见面，不知有此机会否？

　　谨祝

健康、愉快与精神焕发！

毛泽东上
一九四四年，十一月廿一日，于延安

　　郭沫若这篇文章，深得毛泽东赏识，产生的政治影响远远超过一般的历史论文。但因为仓促成文，史料依据并不充分。学界一直有

收到郭沫若的信后，1944年11月21日，毛泽东自延安写给郭沫若的回信手迹

人存疑。值得一提的是，四川有一位名叫胡惠溥的民间学者，在1972年写了一篇《读〈甲申三百年祭〉与郭沫若先生之商榷》，通过邮局寄给郭沫若。全文如下：

沫若先生：

　　近读大著《甲申三百年祭》，赞开国之大策，非前此以考据为考据者所能望见，佩服佩服。惟四十日之大顺朝，仅如昙花一现，窃谓李自成之覆亡，与李岩之不得竟其用以死，均系非常问题，因就大著籀绎之，管中一斑，疑李自成覆亡之主因，尚当不只刘宗敏拷掠吴襄求陈圆圆，牛金星以倾轧谮杀李岩数端而已。

　　大著崇祯登极后，遍地年年几皆蝗旱为灾，引二年四月

甲申三百年祭 · 115

二十日马懋才《备陈大饥疏》，又谓张献忠李自成亦即在此情形下先后起义。又谓李自成在崇祯十一二年所遭最危厄，十三年始初得转机，并指出十三年河南旱蝗，草根俱尽，至人相食，饥民从李自成者数万，李岩亦于此时从李自成起义，从此李自成一帆风顺，遂以亡明。又谓李自成十四五年，几全据河南湖北，用顾君恩策，进窥关中。十六年破潼关，孙传庭阵亡，全陕披靡。十七年二月出兵山西，不二月抵北京，不三日下北京，崇祯自缢。

大著最后总括李自成整个起义，从十余年之艰难苦战言之，未尝不艰难，从最后势如破竹摧枯拉朽之突变情况言之，则又未免太易，以此上下皆纷纷然昏昏然，为过大之成功所陶醉。综上所论，大著行间字里，盖已揭出李自成覆亡之主因，无他，即始终皆为流动战术部队大集合体，未能于政治体制有所演进，因以形成坚强之根据地也。又，即在崇祯十四五年，李自成虽已几全据河南湖北，十六年破潼关，全陕披靡，十七年出兵山西等时间言之，鄙意李自成在此时间，仍是流动战术部队大集合体，河南湖北陕西山西等地，纵使设官守土，亦必仅具雏形，故政治方面之演进，不过由全流动战术部队大集合体之适应，演进为半流动战术部队大集合体之适应而已。

大著并谓，当时朝廷用兵剿寇，而人民则望寇剿兵，加之崇祯登极后，年年旱蝗为灾，饥民不甘饿死，被迫铤而走险，结果寇比兵多，实则民比兵多。鄙意当时情况，当必遍地皆饥民,遍地皆在饥民麇集、即起义之声势笼罩中,至于明室将佐,如熊廷弼、袁崇焕、卢象升、孙传庭等,皆赐死、自杀、阵亡也!其余如杨嗣昌、熊文灿等,平时但知朘削元元,交绥则惟望风逃遁耳。故李自成所据各省,必有多数明军已撤退之州县,而李自成兵力未达,仅属遥为号召者,既属遥为号召,则税收、生产、社会秩序、设官守土等方面,必不遑计及,虽冲要四达之地已设官守土矣!恐亦着眼在战略重点上之部署而已,且此种州县,李自成所据各省当必不多!但此说与大著在崇祯十三年李岩、牛金星、宋献策、顾君恩等,加入李自成起义军后,从此设官分职守土不流,气象迥异于前之说似相背驰。然鄙意大著设官分职守土不流迥异于前,是就李自成与当时并起之诸雄相对言之之词,如就其发展之雏形的实质言之,恐鄙说未必遂非。尊意,盖论人阶段不同,行文之重点遂不同,故虽同一事也,而详略与扬抑之词,亦不能遂无毫发爽。

　　覆亡之国,大抵不外权门朋比,世胄高位,于是用人唯亲,英才沉屈,而又有非常之饥馑与暴政以驱之;崇祯承万历天启之后,内政边患,已如痈疽之将溃,昔人喻如衣败絮行荆棘丛中,左右前后无不挂碍!以故饥民反暴,纷然四起,为救死而与当时之政府斗争。此种最初本部原无严密之组织,与外部亦无相互联系之饥民反暴,其斗争形式,自必发展成为流动之战术。同时,最初正以其本部无严密之组织,与外部亦无相互联系,故虽一部分或几部分,为当时政府军所击溃或歼灭，对整个纷然四起之饥民反暴部队，影响殊不大。而政府军则不然，即是一路或几路溃败，势必士卒夺气，土崩瓦解，致当时政府无法措手足，以抵于止。征之旧史，其荦荦者，如秦末陈胜吴广之起义，汉末黄巾军之起义，唐末黄巢之起义（黄巢虽失败，但唐帝国中央政权已为黄巢所震撼动摇，故不久即亡于朱温），元末刘福通徐寿辉等之起义皆然。此种战术，与起义军同时并生，亦同时发展壮大。汉之李广，于建大将旗鼓之前，以奇兵绕出敌后，匈奴诧以为飞将军自天而降，其营幕联绵如蚁聚蜂屯，各就水草，散乱不整，夜无灯烛，亦不严斥候，为最早略近于流动战术部队之政府军，然终非人民起义流动战术部队比也。惟是起义军之力量，已发展壮大矣，仍习故常，不知改弦，则覆亡之因，亦遂与此天赋优点偕生并长，不至覆亡不止。

兹请即就李自成起义之始，与最后攻下北京之日观之，可知李自成乃一仍故常，未尝改弦也。何以言之？李自成起义十余年矣，攻下之地亦多矣，岂止河南湖南陕西山西等地，乃从未闻郑重宣示坐镇之地，并明白规划其他地区从属之系统，虽有时亦似命将出师矣，其实所谓命将者，仅李自成大军之先头部队耳，所以起义十余年，皆系一军独将，故往攻北京，全部数十万大军亦与李自成同往，即此足以见李自成未做到彻底的守土不流。而其于攻下之地，盖亦旋得旋弃，或则虽下径过，或则不下绕过，尚不仅攻下之地未能皆利用之也，实质仍是流动战术部队之大集合体。此种略具雏形之政治机构,当过大胜利之到来,上下何能免于纷纷然与昏昏然。吴三桂即不开关揖清,此数十万大军,如命其四出驻守,李自成此时亦必难于甚或不能安排。盖其设官守土仅具雏形,政治方面之演进,不过由全流动战术部队大集合体之适应,演进为半流动战术部队大集合体之适应而已。

故当时,即使灼知山海关须大军驻守,而一品权将军之刘宗敏未必奉诏。绮丽繁华,神京为天下最,此间乐矣!谁肯出就瓯脱风沙之地?当时大顺朝仅数千人驻守山海关,盖亦惟仅将数千人之将军,乃不敢不奉诏(先生亦谓最初调降将唐通前往有类儿戏),其余将数万或数十万者,恐皆难期其即行耳。故吴三桂即使卷甲来降李王,以其为人,恐到北京得睹大顺朝昏昏然之内部与仅具雏形之政治机构,断不至不生异心,入室操戈矛也!

又,大著引《北略》卷二十:"内官降贼者自宫中出,皆云,李贼虽为首,然总有二十余人俱抗衡不下,凡事皆众共谋之"。又引《剿闯小史》:"贼将二十余人,皆领兵在京横行惨虐云云"。窃意《北略》所云"二十余人",此二十余人当即《剿闯小史》所云之"贼将二十余人","横行惨虐"是当时反动士大夫之词,固无须置辩,然即以其"俱抗衡不下,凡事皆众共谋之"等词言之,则业已建号之大顺朝,实质仍是流动战术部队大集合体,未能于政治体制有所演进,故众议之发挥有余,而元首之独断不足也。

以上于大著之籀绎，但隐括大意，未尝写出原文，恐不免曲解处，深惭腹俭。于李自成覆亡主因皆主观臆度，无征不信，不足发先生一噱也，惟高明幸教之。

专此即颂

祝安

四川省泸州市胡惠溥顿首

一九七二年六月七号即阴历四月二十六日

这位写信与郭沫若商榷的胡先生，名希渊，生于1916年，是四川泸州前清举人李赦虎的高足，博闻强识，精于古诗文辞，抗战时受知于章士钊，邀入"饮河诗社"，1949年后在泸州四中任教，1959年"拔白旗"运动中，失去公职，从此备受饥寒，先后经历子夭妻亡之痛，孑然一身，苦不堪言，因无居所，被迫栖于永丰桥洞十年，凭着每月7.50元的救济金和一些好心人的帮助，极其艰难地生存着。穿桥而过的溪沟是泸州城的一个大排污沟，腥秽的污水终年不断，臭不可闻，滋生出许多蚊蝇。永丰桥又是泸州的南大门，每天下半夜开始，便有络绎不绝的汽车轰隆轰隆从桥上开过，在桥洞下形成很大的回响，根本无法得到安宁。永丰桥下没有电源，以油灯照明。胡先生在日日尚且为衣食发愁的时候，偶然读到郭沫若的《甲申三百年祭》，竟然忘却身边的一切，就在桥洞下援笔作书，与郭沫若作学术之商榷，也算郭沫若引出的一个文化奇迹。[①]

[①] 陈仁德：《1972年胡惠溥与郭沫若之商榷》，《温故》第18辑，广西师范大学出版社，2010年5月。

另外，作家姚雪垠也写文章批评郭沫若此文参考的史料很少，而且对于翻阅的极少史料也没有认真研究，辨别真伪，轻于相信，随手引用，进而在此基础上抒发主观意见，草率论断。但姚雪垠自己的长篇小说《李自成》，对李自成也有过于美化之嫌，同样经不起历史的考验。

校场口事件

抗日战争胜利后，中国面临着又一次重大选择。共产党和民主党派当时的诉求是反对一党独裁，实行民主和宪政。而蒋介石想维护独裁地位，用武力消灭共产党。在这场较量当中，郭沫若虽然以无党派民主人士的面貌出现，实际上已成为国民党统治区文化界民主斗士的代表。当时影响最大的便是1946年在重庆发生的校场口事件。

1946年1月，政治协商会议在重庆召开。对于这次会议，共产党和民主党派抱以很大期望，但蒋介石并无诚意。郭沫若作为代表，在1月14日下午讨论扩大政府时就提出："人选权在主席，即使增加的

（国民政府委员）都是党外人士，那也不仅没有决定权，连建议权也没有，恐成伴食大臣，参政会即是一例。政府既有决心与诚意，应决心使宪政达到。"①这时，郭沫若确实走上了反独裁、争民主的最前线。

当时，蒋介石方面因为没有宪政诚意，碍于国际压力，只好假戏真做，但同时又用特务手段对争取民主的力量施以威胁。1月16日，郭沫若以政协代表的身份到沧白纪念堂讲演，就遇到特务骚扰，向他扔石子。

1月31日，郭沫若参加起草的《和平建国纲领》在政协大会通过，同时通过的还有宪法草案等文件、协议。2月10日上午，民主力量方面在校场口召开庆祝政协成立大会，郭沫若、李公朴、章乃器、施复亮等都是筹委会推定的大会主席团成员。9点钟，郭沫若走上主席台，广场上已经人山人海，但他发现主席台两边和前几排有不少穿长衫或是中山装的人，神情异样。他感到情势不妙，便让于立群带着孩子先回家。大会总指挥李公朴和其他主席团成员登台以后，那些捣乱者便一拥而上，其中有一个叫刘野樵的自称市农会代表，冒充总主席宣布开会。台下群众高喊不准捣乱会场。李公朴等人上前干预，台下前几排那些人一个个手持铁棒，跳上台去，扭着李公朴、章乃器、施复亮、马寅初等人就打。郭沫若赶紧站起来拦阻，想保护受伤的李公朴，歹徒们便抓住他的胸口，打得他眼镜落地、额角红肿，人也被推倒，胸口还被狠狠踢了一脚。这时有人喊："是政协代表，打不得，打不得！"有群众向在场的宪兵交涉："这是代表，你们非保护不可！"这样，郭沫若才被两个宪兵和一群青年簇拥着离开会场，化险为夷。

---

① 龚济民、方仁念：《郭沫若传》，第348页，北京十月文艺出版社，1991年。

校场口事件·123

1946年2月10日，重庆各界在校场口集会庆祝政治协商会议的成功。集会上，国民党特务寻衅将郭沫若、李公朴、施复亮等多人打伤。图为重庆《新华日报》对事件的报道

图为在校场口事件中被殴伤的郭沫若向法院提出诉讼,要求惩办肇事者而使用的注册照

这个事件,轰动了山城重庆。当天下午,庆祝政协成立大会筹委会即在中苏文协举行了中外记者招待会,报告校场口事件经过。郭沫若带伤赴会,大家报以热烈的掌声,表示欢迎和慰问。郭沫若采用以子之矛,攻子之盾的方式,谴责了刚刚发生的暴行。他说:"今天惨案发生关系到政府的威信,因为政协的五项协议是在蒋主席主持的会

议上经过全体起立,很严肃地通过的,像今天这种行为,实无异于对蒋主席本人的侮辱。"接着他又含蓄地说:"一、有些人的作风和想法不容易改变,总认为政治协商会议是自己的失败。"惨案激怒了社会。重庆文化界百余人联名发表告国人书,强烈抗议这一暴行。全国文协、经济周报、复旦大学等几十个机关团体和学校寄来慰问信,登门探望者络绎不绝。对于朋友们的慰问,郭沫若表示:"自己只受了一点轻伤,算不了什么,实现民主才是最重要的事情。我身上还有许多许多血,我是准备第二次、第三次再去流血的!"①这次争取民主的义举,是郭沫若一生中最有光彩的一笔。

---

① 龚济民、方仁念:《郭沫若传》,第353页,北京十月文艺出版社,1991年。

和毛泽东的诗交

郭沫若与毛泽东初识于1927年,当时广东大学聘郭沫若为文科学长。 郭沫若于3月23日到广州,成仿吾引他去拜访介绍人林伯渠。当时林伯渠不在家,郭沫若却在林的书房与毛泽东巧遇。 郭沫若是这样回忆的:

> 太史公对于留侯张良的赞语说:"余以为其人计魁梧奇伟,至见其图,状貌如妇人好女。"吾于毛泽东亦云然。人字形的短发分排在两鬓,目光谦抑而潜沉,脸皮嫩黄而细致,说

话的声音低而娓婉。不过在当时的我,倒还没有预计过他一定非"魁梧奇伟"不可的。①

当时郭沫若看毛泽东不起眼,1945年重庆谈判再见面时,毛泽东已经今非昔比。从此二人有了长达30年的诗交。

1945年9月3日,毛泽东在红岩村住处与郭沫若夫妇、邓初民、翦伯赞、冯乃超、周谷城等人相聚。周谷城问毛泽东:"过去您写过诗,现在还写吗?"毛泽东回答:"近来没有那样的心情了。从前是白面书生,现在成了'土匪'了。要说写诗,应当问我们的郭老。"又对郭沫若说:"你写的《反正前后》,就像写我的生活一样。当时我们所到的地方,所见到的那些情况,就是同你所写的一样。"郭沫若很高兴,看到毛泽东用的是一只怀表,于是当下把自己的手表摘下来送给毛泽东。这只表,毛泽东一直戴到老。

郭沫若和毛泽东都是诗人。从政治上讲,自然是毛泽东的影响大,但从写诗的角度讲,则是郭沫若出名早。

毛泽东在重庆期间,应柳亚子之邀,抄录了自己的《沁园春·雪》。后经剧作家吴祖光之手交《新民报》发表,引起强烈反响,和韵之作甚多,称赞者有之,批评者有之,攻击者亦有之,大体依当时各类人的政治态度。郭沫若也步原韵和了两首,内容是完全维护毛泽东的。毛泽东有何感想不得而知。但新中国成立后,毛泽东把郭沫若当作诗友,作诗填词,常常送他征求意见。

1959年夏,毛泽东写成《到韶山》、《登庐山》两首七律,9月7

---

① 季国平:《毛泽东与郭沫若》,北京出版社,1998年。

日写信给胡乔木说："诗两首,请你送郭沫若同志一阅,看有什么毛病没有? 加以笔削,是为至要。 ……主题虽好,诗意无多,只有几句较好一些,例如'云横九派浮黄鹤'之类,诗难,不易写,经历者如鱼饮水,冷暖自知,不足为外人道也。"①

郭沫若接到信后,于9月9日给胡乔木去信:"主席诗《登庐山》第二句'欲上逶迤'四字读起来有踟躇不进之感。 拟易为'坦道蜿蜒',不识何如?"10日再给胡乔木去信:"主席诗'热风吹雨洒南天'句,我也仔细反复吟味了多遍,觉得和上句'冷眼向洋观世界'不大谐协。 如改为'热情挥雨洒山川'以表示大跃进,似较鲜明,不识何如? 古有成语'挥汗成雨'。"②

胡乔木接信后,转交毛泽东。 毛于13日又复信胡乔木:"沫若同志两信都读,给了我启发,请再送郭沫若一观,请他再予审改,以其意见告我为盼! "③

毛泽东最后的定稿,改动了郭沫若提出意见的诗句,但并未按郭的意见改。 毛泽东当时为什么对郭沫若这么客气? 这是一个很有意思的问题。

就在给胡乔木写第一封信的前一周,即1959年9月1日,毛泽东还就这两首诗给《诗刊》正副主编臧克家、徐迟去信,信中写道:

近日写了两首七律,录上呈政。如以为可,可上诗刊。

近日右倾机会主义猖狂进攻,说人民事业这也不好,那

---

① 《建国以来毛泽东文稿》第8册,第516页,中央文献出版社,1993年 。
② 季国平:《毛泽东与郭沫若》,第141、249页,北京出版社,1998年。
③ 《建国以来毛泽东文稿》第8册,第488页,中央文献出版社,1993年。

和毛泽东的诗交 · 129

也不好。全世界反华反共分子以及我国无产阶级内部,党的内部,过去混进来的资产阶级、小资产阶级投机分子,他们里应外合,一起猖狂进攻。好家伙,简直要把整个昆仑山脉推下去了。同志,且慢。国内挂着"共产主义"招牌的一小撮机会主义分子,不过捡起几片鸡毛蒜皮,当作旗帜,向着党的总路线、大跃进、人民公社举行攻击,真是"蚍蜉撼大树,可笑不自量"了。全世界反动派从去年起,咒骂我们,狗血喷头。照我看,好得很。六亿五千万伟大人民的伟大事业,而不被帝国主义在各国的走狗大骂而特骂,那就是不可理解的了。他们越骂得凶,我就越高兴。让他们骂上半个世纪吧!那时再看,究竟谁败谁胜?我这两首诗,也是答复那些忘八蛋的。

当时,刚刚在庐山上开过八届八中全会。因为彭德怀写信对"大跃进"有所批评,毛泽东刚刚发动了一场运动,把彭德怀等人打成"反党集团"。对于"大跃进"的后果,毛泽东不是不知道,领导层内部对他有意见,他也很清楚。他担心自己孤立,所以在心理上更需要别人对他的支持和维护。郭沫若虽然不在党的领导核心层,但在国内外有较大影响,他能无条件地拥护毛泽东的"大跃进",对毛也是一种心理的安慰。毛对郭比较客气,便很好理解了。

之后,到1962年,《人民文学》准备发表毛泽东三十多年前在马背上哼成的词六首,毛泽东又征求郭沫若的意见。郭沫若就编排次序和个别字词提出了修改建议,并写了《喜读主席词六首》的解说文章,呈毛泽东"加以删正"。这次,毛泽东在郭沫若的文章上作了一番修改，删去了郭沫若揣度有误的笔墨。并说："解诗之难，由此可见。"

1965年5月，毛泽东重上井冈山，并吟成《水调歌头》一首。下山后，建议郭沫若偕夫人到井冈山一游。郭沫若游井冈山时写诗词22首，主要内容自然是对毛泽东的歌颂。7月中旬，郭沫若返回北京，毛泽东又让胡乔木将自己的《重上井冈山》和另一首新作《念奴娇·鸟儿问答》送郭沫若征求修改意见。

郭沫若在7月23日给胡乔木写信，提出修改意见：

"飞跃"我觉得可不改，因为是麻雀吹牛。如换为逃脱，倒显得麻雀十分老实了。

"土豆烧牛肉"句，点穿了很好，改过后，合乎四、五、四句，也较妥帖。唯"土豆烧牛肉"是普通的菜，与"座满嘉宾，盘兼美味"似少相称。可否换为"有酒盈樽，高朋满座，土豆烧牛肉"？

"牛皮葱炸，从此不知下落"，我觉得太露了。麻雀是有下落，还露过两次面。[①]

后来，毛泽东为《鸟儿问答》定稿，果然改动较多。

到"文革"以前，郭沫若与毛泽东的诗交，虽然实际上已经演化为如同君臣之交，但在作诗的技术层面，郭沫若尚敢为王者师。心理上虽不可能平等相处，但毛泽东对于长他一岁的郭沫若还是保持着表

[①] 季国平：《毛泽东与郭沫若》，第264页，北京出版社，1998年。

面的礼貌和客气。

毛泽东对郭沫若的礼遇，还表现在"文革"前公开发表的诗词里，有两首副题就是"和郭沫若同志"。

一首是1963年1月9日写的《满江红》：

>小小环球，有几个苍蝇碰壁，几声凄厉，几声抽泣。蚂蚁缘槐夸大国，蚍蜉撼树谈何易。正西风落叶下长安，飞鸣镝。
>
>多少事，从来急，天地转，光阴迫。一万年太久，只争朝夕。四海翻腾云水怒，五洲震荡风雷激。要扫除一切害人虫，全无敌。

郭沫若的原词题为《领袖颂——一九六三年元旦抒怀》，发表在1963年1月1日《光明日报》，全文是：

>沧海横流，方显出英雄本色。人六亿，加强团结，坚持原则。天垮下来擎得起，世披靡矣扶之直。听雄鸡一唱遍寰中，东方白。
>
>太阳出，冰山滴；真金在，岂销铄？有雄文四卷，为民立极。桀犬吠尧堪笑止，泥牛入海无消息。迎东风革命展红旗，乾坤赤。

郭沫若的这首词艺术水准平平，但因为直接颂扬了毛泽东，想必使毛泽东很高兴。中国文人的传统，和诗讲究步原韵，毛泽东则不管这些旧例，和诗一律另起炉灶。除了满江红词牌相同而外，韵脚与郭诗无关。

郭沫若的另一首诗是关于绍兴戏《孙悟空三打白骨精》的。1961年10月18日，郭沫若在北京民族文化宫看了这出戏，一周后的10月25日，写了一首七言律诗：

> 人妖颠倒是非淆，对敌慈悲对友刁。
> 咒念金箍闻万遍，精逃白骨累三遭。
> 千刀当剐唐僧肉，一拔何亏大圣毛。
> 教育及时堪赞赏，猪犹智慧胜愚曹。

写毕，自然要呈给对诗词有浓厚兴趣的毛泽东一阅。

毛泽东也看了这出戏。见到郭诗，遂于1961年11月7日和了一首：

> 一从大地起风雷，便有精生白骨堆。
> 僧是愚氓犹可训，妖为鬼蜮必成灾。
> 金猴奋起千钧棒，玉宇澄清万里埃。
> 今日欢呼孙大圣，只缘妖雾又重来。

转年1月6日，康生把毛泽东的这首诗转给郭沫若。

本来，郭沫若所说"千刀当剐唐僧肉"的"当"不过是"正要"的意思，毛泽东却理解成了"应当"的意思，于是，用教育的口吻告诉郭沫若："僧是愚氓犹可训"。郭沫若也只好将错就错，当天再写

和毛泽东的诗交 · 133

一首诗答毛泽东：

> 赖有晴空霹雳雷，不教白骨聚成堆。
> 九天四海澄迷雾，八十一番弭大灾。
> 僧受折磨知悔恨，猪期振奋报涓埃。
> 金睛火眼无容赦，哪怕妖精亿度来。

此诗又通过康生之手转呈毛泽东。毛泽东给郭沫若回信："和诗好，不要'千刀当剐唐僧肉'了。对中间派采取了统一战线政策，这就好了。"

事后，郭沫若还专门著文，说明"主席的和诗，事实上是改正了我对唐僧的偏激看法"。

事情到此似乎变得很圆满了，毛泽东在战略思想上比郭沫若棋高一着。但郭沫若去世之后，有一位名叫廖名春的学者，点破了其中的奥妙：不是郭沫若主张剐唐僧，而是毛泽东理解有误。郭沫若为了维护毛泽东的面子，只好将错就错，接受毛泽东的谆谆教诲。

直到"文革"前，毛泽东和郭沫若虽不可能完全平等相处，但大体上还是诗友关系，毛泽东对于郭沫若还比较客气。到了"文革"中，毛被进一步神化，他与郭沫若的诗交就不像过去那么客气了。

除了与毛泽东唱和，郭沫若还为毛泽东诗词写了很多评论文章。这些文章有的提出了新的见解，有的则经不起历史的考验。比如他评论毛泽东的一首《清平乐》："主席并无心成为诗家或词家，但他的诗词却成了诗词的顶峰。主席更无心成为书家，但他的墨迹却成了书法的顶峰。例如这首《清平乐》的墨迹而论，'黄粱'写作'黄梁',无意中把粱字简化了。龙岩多写了一个龙字。'分田分地真忙',没有句点。这就是随意挥洒的证据。然而这幅字写得多么生动,多么潇洒,多么磊落。每一个字和整个篇幅都充满着豪放不羁的气韵。在这里给我们从事文学艺术的人,乃至从事任何工作的人,一个深刻的启示。那就是人的因素第一、政治工作第一、思想工作第一、抓活的思想第一,'四个第一'的原则,极其灵活地、极其具体地呈现在了我们面前。"(《光明日报》1965 年 2 月 11 日)

郭沫若对毛泽东诗词的这番评论,无法以盲从解释。郭是饱学之士,毛泽东出现了错别字,书法中出现了笔误,他是看得很清楚的。这是他比一般老百姓高明的地方。但他能在评论中,编出一套说辞,硬是把毛泽东这些失误也说成是优点,并且发挥到"四个第一"的政治高度,就好比看见人生了一块疮疤,硬要夸赞成艳若桃花,美如乳酪,这是一般人做不出来的。

这段话,不过是郭沫若阿谀毛泽东的一例。他的晚年,与毛泽东基本上都处在这种关系中。比毛泽东年长一岁的郭沫若为什么要如此阿谀毛泽东,在另一些场合还阿谀江青,他当时是不是有什么不得已的难处,他的人格弱点和体制缺陷是什么关系,乃是可以进一步深入讨论的问题。但阿谀就是阿谀。阿谀到什么时候也是不可取的。大多数中国人即使走进盲从的误区的时候,对阿谀也是鄙视的。

开国

1949年10月1日，中华人民共和国宣告成立。郭沫若成为新中国的重要领导人之一。他和毛泽东等一起登上天安门城楼，分享胜利的喜悦。在10月19日举行的中央人民政府第三次会议上，他被任命为政务院的四个副总理之一，并兼文化教育委员会主任。10月21日，他主持的文化教育委员会正式成立。11月1日，中国科学院在北京建院，郭沫若当选第一任院长，并兼哲学社会科学部主任和历史研究所所长。此前的1949年7月2日至23日举行的中华全国文学艺术工作者代表大会上，他还当选为全国文联主席；同年10月3日，他又当选为中国人民保卫和平委员会主席，并多次率团出席国际会议。

郭沫若以文化界的旗手参政，位置十分显赫。其兼职之多，风头之健，在中国文人中可谓空前。他的政治生涯达到了顶峰，他的学术和艺术活动从此也有了官方文化代表的鲜明色彩。

1949年10月19日中央人民政府第三次会议在北京举行，郭沫若被任命为中央人民政府政务院副总理兼文化教育委员会主任。10月21日，文化教育委员会由郭沫若主持正式成立

武训风波

武训是清末山东人,以行乞办学著称。 郭沫若最早对武训表示自己的看法,是 1945 年 12 月。 当时,由教育家陶行知主持,重庆知识界举行了"武训诞辰 107 周年纪念大会"。 郭沫若担任主席团成员,并发表讲话,称赞武训是"圣人"。 五年后,李士钊将自己所编的《武训画传》拿来请郭沫若题书名,并题词。 郭沫若欣然命笔:

在吮吸别人的血以养肥自己的旧社会里面,武训的出现是一个奇迹。他以贫苦出身,知道教育的重要,靠着乞讨,敛金兴学,舍己为人,是很难得的。但那样也解决不了问题。作为奇迹珍视是可以的。新民主主义的社会里面,不会再有这样的奇迹出现了。①

时代发生了变化,郭沫若对武训的肯定也有了一些保留。

这本《武训画传》以前就出版过。1944年陶行知把它推荐给了导演孙瑜。孙瑜为之感动,经过数年努力,几起几落,终于在1950年底拍成故事影片《武训传》,主演赵丹。

1951年年初,电影在京、津、沪等地公演,好评如潮,《大众电影》很快将此片评为本年度的十大佳片之一,这引起了毛泽东的注意。3月,中共中央发出通知,要求在全国范围内开展对电影《武训传》的讨论。起初,各报刊发表的文章仍是一片赞扬之声,只有个别文章提出否定意见。毛泽东只好亲自出马,写了一篇文章《应当重视电影〈武训传〉的讨论》,作为《人民日报》社论发表。社论劈头就说:

《武训传》所提出的问题带有根本的性质。像武训那样的人,处在清朝末年中国人民反对外国侵略者和反对国内的封建统治者的伟大斗争时代,根本不去触动封建经济基础及其上层建筑的一根毫毛,反而狂热地宣传封建文化,并为了取得自己所没有的宣传封建文化的地位,就对反动的封建统治者竭尽奴颜婢膝的能事,这种丑恶的行为,难道我们是应

---

① 季国平:《毛泽东与郭沫若》,第193页,北京出版社,1998年。

当歌颂的吗？向着人民群众歌颂这种丑恶的行为，甚至打出"为人民服务"的旗号来歌颂，甚至用革命的农民斗争的失败作为反衬来歌颂，这难道是我们所能够容忍的吗？承认或者容忍这种歌颂，就是承认或者容忍污蔑农民革命斗争，污蔑中国历史，污蔑中国民族的反动宣传，就是把反动宣传认为正当的宣传。……电影《武训传》的出现，特别是对于武训和电影《武训传》的歌颂竟如此之多，说明我国文化界的思想混乱达到了何种程度！①

这篇社论的发表，对于包括郭沫若在内的中国文化艺术界有如晴天霹雳！他们万万没想到区区一部电影，竟引起执政党最高层如此巨大的震怒。平心而论，孙瑜也好，赵丹也好，陶行知也好，郭沫若也好，他们对武训的看法，所持的不过是常人的观点。读书总比不读书好，发展教育总比不发展教育好。武训为办学不惜行乞，他们为此而真诚地感动。但他们哪想得到这种常人的历史观和新中国的领袖的观点格格不入。毛泽东是以阶级斗争学说为纲领，发动农民战争打的天下。如果对中国社会历史的解释，不是有利于证明他领导的革命的合理性，而是证明其他行为的合理性，那是他所不能容忍的。于是，他把对武训和《武训传》的评价问题，提到了党和国家头等大事的高度。

10天以后，郭沫若在6月1日的《人民日报》上公开发表了《联系着武训批判的自我检讨》。文章说："我是犯了错误，主要原因是

---

① 《建国以来毛泽东文稿》第2册，第316页，中央文献出版社，1993年。

不会从本质上去看武训，而且把他孤立地看了，更不会把他和太平天国与捻军的革命运动联系起来看。今天武训的本质被阐明了，武训活动时的农民革命的史实也昭示出来了，便十足证明武训的落后、反动、甚至反革命了，对于这样的人而加以称颂，的确是犯了最严重的错误。""我最不应该的是替《武训画传》——可以说是电影《武训传》的姊妹，题了书名，还题了辞。""虽然我的题辞多少含有批判的成分，并惹得编者在他的自序中驳斥了我，但批判得十分不够。而且基本上还是肯定了武训其人。""经过这一次讨论，我是受了很大的启发的。没有经过仔细的研究随便发言，没有经过慎重的考虑随便替人题辞题字，这种不负责任的小资产阶级的老毛病，我已下定决心痛改。"

这是中华人民共和国成立后的第一次思想批判运动。这次运动在组织处理上还算温和，但思想上已经开了以毛泽东一人的意见为标准，只能拥护，不容置辩的先河。原先赞扬过武训，支持过《武训传》拍摄的领导干部和文化人，纷纷表态检讨。郭沫若当时身为主管文教的副总理，地位引人注目，也有他的无奈之处，不这么检讨也无法向毛泽东和一致拥护毛主席党中央的舆论交代。

接着，7月下旬，袁水拍、钟惦棐、李进（江青）三人执笔的《武训历史调查记》在《人民日报》公开发表。郭沫若知道这篇长文的来头，毛泽东的夫人亲自出马，岂可等闲视之，于是又写了一篇《读〈武训历史调查记〉》，发表在1951年8月4日的《人民日报》，再一次检讨了自己的错误。

毛泽东不满意的文化界的"思想混乱"，其实就是思想多元。不论是文学艺术，还是学术思想，历来是五光十色的。这本来是正常的文化生态。但毛泽东不喜欢这种局面，他就是要用自己的观点统一文坛，方法就是搞批判，搞运动，而且一次比一次严厉。郭沫若知道毛泽东的脾气和厉害，所以决心在政治上、思想上以毛泽东的意见为意见，至于自己原来的见解，不管有无道理，只要在政治上和毛泽东相左，就赶快检讨，表示放弃，直到毛泽东去世，他一直是这么做的。

批判胡适派

胡适比郭沫若大一岁,在新文化运动中,也比郭沫若出名早,影响大。1921年8月9日,他们在上海第一次见面。当时,胡适作为新文学的先驱,新文化的代表,已是北京大学教授;郭沫若则是留日学生,还没有拿到毕业文凭,只是在上海《时事新报·学灯》上发表了引人注目的新诗,诗集《女神》也刚刚出版。请他们同席吃饭的,据胡适日记记载是商务印书馆编译所的工作人员周颂九和郑心南,据郭沫若回忆是编译所所长高梦旦。当时,胡适是编译所请来的贵客,而郭沫若则初露头角,未能在商务出书。据郭沫若记载,高梦旦向胡介绍:"这是沫若先生,我们沫若先生很有远大志向,不久还要折回日本去继续学业。"胡适说:"很好的,我们就等郭先生毕了业后再作商量了。"同席有人称赞:"有幸'亲炙'两位新诗人第一次见面!"胡适说:"岂敢,岂敢,要说新,我们郭先生才是真正的新,我的要算旧了。"由此看,当时他们的关系表面上还是比较友好的。虽然,郭沫若内心对胡的居高临下未必心悦。胡适当天的日记这样说:"沫若在日本九州学医,但他颇有文学的兴趣。他的新诗颇有才气,但思想不大清楚,功力也不好。"

创造社成立后,郁达夫先有文字影射胡适,被胡反击,郭随即出来为郁达夫助战:"你北京大学的胡大教授哟!……我劝你不要把你的名气来压人,不要把你北大教授的牌子来压人,你须知这种如烟如云没多大斤两的东西是把人压不倒的!"胡适对郭沫若和郁达夫的态度十分和缓,给他们二人去了一封信:"我对你们两位的文学上的成绩,虽然也有不能完全同情之处,却只有敬意,而毫无恶感。……我盼望那一点小小的笔墨官司不至于完全损害我们旧有的或新得的友谊。"看信后,郭沫若也回了一封信:"先生如能感人以德,或则服人以理,我辈尚非豚鱼,断不至于因此小小笔墨官司便致损及我们的新旧友谊。"

以后,郭、胡之间互相看望。1923年10月11日,胡和徐志摩一起去郭沫若家看望,见郭沫若手里抱着孩子,样子比较狼狈。出门时便对徐志摩说:"然以四手两面维持一日刊,一月刊,一季刊,其情况必不甚愉适,且其生计亦不裕,或竟窘,无怪以其狂叛自居。"[①]

[①] 郭沫若:《创造十年》,引自《郭沫若全集·文学编》第12卷,人民文学出版社,1992年。

胡适的理解，弥合了双方的裂痕。三天以后，郭沫若请胡适吃饭，还浪漫地抱吻了胡适。

胡、郭二人，知识领域都比较宽广，都属于百科全书式的学者，所以在知识界都是领袖人物。这以后，几十年的风云变幻，他们政治倾向相左，遂成为中国知识分子不同追求的代表。郭沫若是共产主义知识分子的代表，而胡适则成为自由主义知识分子的代表。在1949年新旧政权转换之后，郭沫若入选新中国政府，胡适则远走美国，后来又到台湾担任"中央研究院"院长。

胡适虽然去了台湾，但他在大陆知识界的影响并没有马上消失。对此，毛泽东是不满意的。毛泽东不但是新中国的政治领袖，还要做新中国的精神导师。于是，在1954年发动了对俞平伯《红楼梦研究》的批判，打响了清除胡适影响的文化战役。

事情是无意中引起的。1952年9月，胡适派的俞平伯将28年前的旧作《红楼梦辨》加以修改，改名《红楼梦研究》，由棠棣出版社出版。1954年，俞平伯又在《新建设》杂志3月号上发表了《红楼梦简论》，对于他研究红楼梦的成果作了扼要的总结。这引起了李希凡、蓝翎两位青年学者的注意。他们在同年5月4日前夕写成了《关于〈红楼梦简论〉及其他》一文，试图用马克思主义的观点，对俞平伯的观点进行批判。他们的文章先投《文艺报》，未能发表，后来又投母校山东大学学报《文史哲》，终于发表出来。这件事正好成为毛泽东发动思想文化批判运动的契机。他写信给中央政治局委员和其他一些相关人说："这是三十多年来向所谓《红楼梦》研究权威作家的错误观念的第一次认真开火"，"事情是两个'小人物'做起来的，而'大人物'往往不注意，并往往加以阻拦，他们同资产阶级作家在唯心论方面讲统一战线，甘心做资产阶级的俘虏，这同影片《清宫秘史》和《武训传》放映时的情形几乎是相同的。被人称为爱国主义影片而实际是卖国主义影片的《清宫秘史》，在全国放映之后，至今没有被批判。《武训传》虽然批判了，至今却没有引出教训，又出现了容忍俞平伯唯心论和阻拦'小人物'的很有生气的批判文章的奇怪事情，这是值得我们注意的。"毛泽东最后把这篇文章提高到"反对在古典文学领域毒害青年三十余年的胡适派资产阶级唯心论的斗争"这样一个政治高度。①

俞平伯只是一个战役的突破口，并不是毛泽东真正的打击目标。所以比起其他运动的对象，俞先生在以后的日子里只是被冷落，并没有受到更严酷的迫害。毛泽东要批判的，一个是已经到了美国的胡适，还有就是党内那些跟不上他思想的领导干部，其中不但有把李希凡、蓝翎说成是小人物的冯雪峰，实际上也包括称赞过电影《清宫秘史》的刘少奇。

说胡适毒害青年三十余年，意味着五四新文化运动以来，胡适的影响都是在放毒。但是，毛泽东自己曾亲口对斯诺说过，新文化运动时期，他曾视胡适、陈独秀的文章为楷模。那时，不仅毛泽东对胡适颇为尊崇，胡适对毛泽东也大加赞赏。胡适在《每周评论》上发表过一篇题为《介绍新出版物》的文章，文章说："现在我们特别介绍我们新添的两个小兄弟，一是长沙的《湘江评论》，一个是成都的《星期日》。"及至晚年，胡适在其回忆文章中还盛赞"我的学生毛泽东"在"共产党里白话文写得最好"。1945年4月和7月毛泽东分别

---

① 《建国以来毛泽东文稿》第4册，第574~575页，中央文献出版社，1993年。

委托董必武、傅斯年转达他对胡适的问候,并希望老师在道义和精神上支持共产党合理合法地存在。并想通过傅、胡取得美国朝野对中国共产党的支持。有一种说法,1948年毛泽东曾经对胡适的得意学生吴晗说:"只要胡适不走,可以让他做北京图书馆馆长!"但是胡适表示:"不要相信共产党的那一套!"1950年5月11日,胡适的老朋友、史学家陈垣在《人民日报》上发表了《北平辅仁大学校长陈垣给胡适的公开信》,劝胡适正视现实,幡然觉悟,批判过去的旧学问,回到新青年之中,为广大人民服务。胡适则发表了《共产党统治下"绝没有自由"——跋陈垣给胡适的公开信》。于是,从1951年8月起,大陆开始了一场有步骤地肃清胡适思想流毒的运动。

在这场思想文化战役中,郭沫若不再像批判《武训传》那样措手不及了。本来他早就和胡适分道扬镳,这次运动,他理所当然地充当起先锋的角色。11月8日,郭沫若以中国科学院院长的身份,就文化学术界开展反对资产阶级思想的斗争,对《光明日报》记者发表谈话。他说,由俞平伯研究《红楼梦》的错误观点所引起的讨论,是当前文化学术界的一个重大事件。这场批判不仅仅是对俞平伯本人,或者是对于有关《红楼梦》的研究进行讨论和批判的问题,而应该看做是马克思列宁主义思想与资产阶级唯心论思想的斗争,这是一场严重的思想斗争。他提出,讨论的范围要广泛,应当把文化学术界的一切部门都包括进去,在历史学、哲学、经济学、建筑艺术、语言学、教育学乃至于自然科学的各个部门,都应当开展这个思想斗争。他最后画龙点睛地说:胡适的资产阶级唯心论学术观点在中国学术界是根深蒂固的,在一部分高等知识分子中还有相当的潜在势力。我们在政治上已经宣布了胡适为战犯,但在有些人心目中胡适还是学术界的"孔子",我们还没有把他打倒。打倒胡适的"孔子"地位,树立毛泽东的导师地位,郭沫若讲清了这场斗争的实质。

1954年10月31日到12月8日,中国文联主席团和中国作协主席团召开联席会议。会议前后连续召开了八次,就《红楼梦》研究中的胡适派资产阶级唯心论的倾向和《文艺报》的错误等问题展开了讨论。在12月8日的主席团扩大的联席会议上,郭沫若作了题为《三点建议》的总结性发言。发言原来的题目是《思想斗争的文化动员》,之前已由周扬送毛泽东审阅。毛泽东阅后批示:"郭老的讲稿很好,有一点小的修改,请告郭老斟酌。《思想斗争的文化动员》这个题目不很醒目,请商郭老,是否可以换一个。"①郭沫若在正式发言时,根据毛泽东意见,改题为《三点建议》,发表在12月9日的《人民日报》上。郭沫若的三点建议是:(1)必须坚决开展对于资产阶级唯心论的思想的斗争;(2)应该广泛地展开学术上的自由讨论,提倡建设性的批评;(3)应该加紧扶植新生力量。郭沫若还宣布,在12月2日中国科学院和中国作家协会的一次联席会议上,已经通过了一项批判胡适思想的计划。这次会议,推定郭沫若、茅盾、周扬、潘梓年、邓拓、胡绳、老舍、邵荃麟、尹达九人组成委员会,郭沫若为主任。这个计划亦由周扬送毛泽东审阅,毛泽东批示:照此办理。随后,哲学、历史、文学、戏剧、教育等各个领域,纷纷开展了对胡适派的批判。艾思奇、胡绳、任继愈、李达、侯外庐、范文澜、何其芳等知名人士纷纷上阵。

当时胡适在美国,对批判他的几百万文字,一篇篇都看了。他认

---

① 季国平:《毛泽东与郭沫若》,第211页,北京出版社,1998年。

为"不值一驳",还说"有些谩骂的文字,也同时使我感觉到愉快兴奋",这说明,"我个人的四十年来的一点努力,已不是完全白费的"。唐德刚也曾回忆:"记得往年胡公与在下共读海峡两岸之反胡文章之时(大陆叫"反动学术",台湾叫做"毒素思想"),胡氏未写过只字反驳,但也未放过一字不看,他看后篇篇都有意见。大体说来,他对那比较有深度的文章的概括,批评是'只知其一,不知其二'。胡适是位很全面的通人兼专家。其专家的火候往往为各专业的专家所不能及。所以,各行专家只知从本行专业的角度来批胡。往往就是以管窥豹,见其一斑。只知其一,不知其二,就为通人所笑,认为不值一驳了。"

五十多年过去了。回过头来再看这场批判,乏善可陈。其负面的影响是显而易见的。在一个正常的思想文化环境里,你尽可以用阶级斗争的观点评论《红楼梦》,他也尽可以用实证主义的方法研究《红楼梦》,不能因为你掌握政治权力,就剥夺别人的学术自由。怎么看待《红楼梦》的争论,犯不上兴师动众,让全国知识界都来表态批判。这么一来,学术自由就谈不上了。其后中国学术研究的路子,也的确是越来越窄了。当然,在这个问题上,郭沫若不能承担主要责任,说到底,他只是充当了御用工具。

批判胡适的运动是以胡适的独生子胡思杜自杀结束的。胡思杜1950年从华北革命大学毕业分配到唐山铁道学院"马列部"任历史教员。1957年"鸣放"时他曾表示要与父亲划清界线,并积极要求加入中国共产党,还向党组织提出教改建议。但反右开始后,他首先遭到批判,因而对生活绝望,遂于1957年9月自杀身亡。郭沫若当然料想不到,儿子自杀的悲剧,十年以后会在自己家里重演。

据唐弢先生在《春天的怀念》中回忆，1956年2月的一天，毛泽东在怀仁堂宴请出席全国政协会议的知识分子代表时说："胡适这个人也顽固，我们托人带信给他，劝他回来，也不知他到底贪恋什么？批判嘛，总没有什么好话，说实话，新文化运动他是有功劳的，不能一笔抹煞，应当实事求是。二十一世纪，那时候，替他恢复名誉吧。"可见，胡适是什么人，毛泽东心里十分清楚，批判胡适的目的，他心里更明白，可怜多数人昏头昏脑地被当枪使了。

批判胡适派的台风还没有尘埃落定，毛泽东发动的批判胡风的锣鼓又开了场。郭沫若与胡风曾经有过一段友谊。在抗日战争时期，他们曾同在重庆文化界活动，同属周恩来麾下的文化阵营，来往很多，胡风多次去郭沫若家晤谈，郭沫若也曾向胡风约稿。1941年庆祝郭沫若五十大寿，胡风是积极参与者之一。郭沫若过51岁生日，胡风还送他一首诗：

城有天官府，乡有赖家桥。
画地作天堂，休道老渔樵。
有无何必问，屈子枉行吟。
不见伽蓝殿，肉身佛几尊。
当年拜印度，今日拜谁来？
蓝衣虽易色，依照老希裁。
沿街飞马面，租界暂安然。
铁剪横天下，抽屉当名山。
寿筵不用草，稗子也还稀。

> 且尽今朝酒,金风剪破衣。

鲜为人知的是,在不久后开展的延安整风中,周恩来与重庆文艺界的联系曾受到严厉的批评。1943年10月12日中宣部致电董必武,批评《新华日报》、《群众》未认真宣传毛泽东同志思想,而发表许多自作聪明错误百出的东西。首当其冲的就是胡风的《民族形式问题》。当时,就已经发现胡风的文艺观点与毛泽东的观点相左。同时受到批评的还有在周恩来身边工作的党内才子陈家康、乔冠华、胡绳等,他们的思想见解也与胡风相近。董必武当时向延安汇报他们的思想是:偏重感情,提倡感性生活,注意感觉,强调心的作用,认为五四运动之失败,是由于没提倡人道主义,主张把人当人。1945年和1948年,共产党方面的文化人,通过批评舒芜的《论主观》,先后两次对胡风文艺思想进行过批评。到了1955年,胡风问题却由文艺思想之争、宗派之争突然被毛泽东升级为与反革命集团的斗争,数百位和胡风有这样那样联系的知识分子纷纷被捕。毛泽东的定性,最初连周恩来、周扬都感到意外。当时,处理胡风案子的,有陆定一、罗瑞卿、周扬等十人小组负责,郭沫若没有参与决策,只是作为知识界的头面人物,跟着上纲上线地表态。4月1日,郭沫若在《人民日报》发表了《反社会主义的胡风纲领》一文。他指出,多年来,胡风在文艺领域内系统地宣传资产阶级人性论,反对马克思主义,已形成了自己的一个小集团。新中国成立前,在他的全部文艺活动中,他的主要锋芒总是针对着那时候共产党党内和党外的进步文艺家。新中国成立后,仍坚持他们一贯的错误的观点立场,顽强地和党所领导的文艺事业对抗。

5月25日，郭沫若主持召开了全国文联主席团和中国作协主席团联席会议。他在开幕词中说：《人民日报》揭露的材料，完全证实了胡风集团二十多年来一直是进行反党、反人民、反革命活动的。胡风集团已不仅是我们思想上的敌人，而且是我们政治上的敌人。

第二天，郭沫若又在《人民日报》发表文章《请依法处理胡风》："到了今天，全国人民正在集中力量从事社会主义建设的时候，而像胡风这样的知识分子竟然还公然披着马克思主义的外衣，有组织地来进行内部破坏，这是怎样也不能容忍的。今天对于怙恶不悛、明知故犯的反革命分子必须加以镇压，而且镇压得必须比解放初期更加严厉。在这样的认识上，我完全赞成好些机构和朋友们的建议，撤销胡风所担任的一切公众职务，把他作为反革命分子来依法处理。"

如果说，郭沫若对《武训传》的批判，还包含着真心实意检讨自己当初失误的成分，那么，到批判胡风，他已经变为一种盲目的紧跟了。胡风是不是反革命，他心里未必没有自己的想法。但从20世纪50年代到60年代，中国知识界已经形成了一种墙倒众人推的风气。只要上面宣布谁是批判斗争的对象，大家也懒得去追问罪名是真是假，就一拥而上地推波助澜，生怕别人以为自己不革命。这里未尝没有求得自保的意味。

《百花齐放》

1956年,毛泽东提出要在文艺界和科学界实行"百花齐放,百家争鸣"的方针。 百家争鸣,是中国先秦时代曾经出现过的思想学术十分活跃的盛况。 百花齐放,对于已经为公式化概念化的意识形态所苦的艺术界来说,也是一个福音。 在公民享有学术自由和创作自由的社会秩序里,"百花齐放,百家争鸣"本来就是常态。 然而,在当时的中国,还是知识分子的奢望。

毛泽东提出要"百花齐放,百家争鸣"后,时任中央宣传部部长的陆定一就"双百"方针作了报告,郭沫若亦为之欢欣鼓舞,于是,从 1956 年 3 月 30 日起启动了一个他的系列诗歌创作计划，即写 100 首颂扬各种花的八行体新诗。 这些诗，先是在 1958 年 4 月 3 日至 6 月 27 日的《人民日报》上连续发表，后结集名为《百花齐放》。 这些诗中，每一种花都代表一种政治理念，一种时代精神。 如《水仙花》：

> 碧玉琢成的叶子，银白色的花，
> 简简单单，清清楚楚，到处为家。
> 我们倒是反保守，反浪费的先河，
> 活得省，活得快，活得好，活得多。
>
> 人们叫我们是水仙，倒也不错，
> 只凭一勺水，几粒石子过活。
> 我们是促进派，而不是促退派，
> 年年春节，为大家合唱迎春歌。

1956 年暑期，郭沫若只是试写了三首，原因是"所熟悉的花不多，有的知其实而不知其名，有的知其名而不知其实，有的名实不相符，有的虽熟悉而并非深知"。 到了 1958 年，受"大跃进"精神的影响，他决定完成它。 于是，他先后走访了天坛公园、北海公园、中山公园的园艺部，还去北京和内地其他一些卖花的地方请教，得到热心朋友的帮忙，"有的借书画给我，有的写信给我，还有的送给我花的标本或者种子"。 终于在 1958 年写完了《百花齐放》。

这些诗在艺术上的缺点是明显的。 那种硬性的比附，主题先行，对他已不是偶然。新中国成立后，诸如学文化、抗美援朝、"大跃进"、除四害、讲卫生，他都作了诗。

比如《学文化》：

> 毛主席告诉咱：
> 工人阶级当了家，
> 要把中国现代化，
> 要把中国工业化，
> 当家的主人翁，
> 必须学文化。

比如《防治棉蚜歌》：

> 棉蚜的繁殖力量可惊人，
> 人们听了会骇一跳。
> 棉蚜的生长季节里，
> 一个棉蚜要产子六亿兆，
> 这是单性生殖的女儿国，
> 一年间三十几代有多不会少。

比如《学科学》：

> 大家齐努力，

一切动手干，

光辉的目标在眼前，

加紧往前赶！

和这些诗相比，《百花齐放》中还有一些对花的姿态的描写，诗味已多了不少。郭沫若在《百花齐放》的后记中写道："普通说'百花'是包含一切的花。是选出一百种花来写，那就只有100种，而不包含其它的花。这样，'百花'的含义就变了。因此，我就格外写了一首'其他一切花'，作为第101首。我倒有点儿喜欢101这个数字，因为它似乎象征着一元复始，万象更新，这些有'既济、未济'味道，完了又没完。'百尺竿头，更进一步'，这就意味着不断革命。"

《百花齐放》的艺术性怎么样，郭沫若心里非常清楚。当时，还是中学生的陈明远直接写信给他，说不喜欢他的《百花齐放》。他在1959年11月8日给陈明远的信中说："您对于《百花齐放》的批评是非常中肯的。尽管《百花齐放》发表后博得一片溢美之誉，但我还没有糊涂到丧失自知之明的地步。那样单调刻板的二段八行的形式，接连101首都用的同一尺寸，确实削足适履。倒像是方方正正、四平八稳的花盆架子，装在植物园里，勉强插上规格统一的标签。天然的情趣就很少了！……我自己重读一遍也赧然汗颜，悔不该当初硬着头皮赶这个时髦。多年以来，我是愈加体会到：新诗，真是太难写了。所以当诗兴偶发，每每起笔就做成旧体诗。毛笔字也愈写愈滥，不可自拔。毛笔字、文言文、旧体诗，三者像长袍马褂瓜皮帽一样，是配套的。……我何尝不想写出像样的新诗来？苦恼的是力不从心。没有新鲜的诗意，又哪里谈得上新鲜的形式！希望你在我失败的地方获得成功。"

现在看来，《百花齐放》的问题，还不只是艺术上的单调刻板，缺少诗味。更严重的是，在郭沫若开始这个系列创作的1956年，中国曾经一度出现知识分子的早春天气，一度有过百花齐放的意味，但是好景不长，到郭沫若大量创作和发表这些诗的1958年，实际情况已经同"百花齐放，百家争鸣"南辕北辙。经过反右派运动的风暴，"百家争鸣"已经被解释成"两家争鸣"；"百花齐放"也成了只许放"香花"，不准放"毒草"，大批有才华的作家和有个性的作品被打入另册，所谓"百花"早已在寒风席卷之后一派凋零。郭沫若在1958年4月21日发表的《茉莉花》里也写道：

> 我们的花朵小巧，雪白而有清香，
> 簪在姑娘的头上，会芬芳满堂。
> 当然，人们也可以摘去焙成香片，
> 厨师们更可以用来点缀竹参汤。
>
> 有那肮脏的文人却称我们为"狎品"，
> 足见他们的头脑是荒天下之大唐，
> 这样的思想如果不加以彻底改造；
> 打算过社会主义革命关，休要妄想！

这时再创作《百花齐放》，不说是粉饰，起码也是文不对题了！

《红旗歌谣》

《红旗歌谣》是"大跃进"的产物。

1958年，在生产资料所有制的改造基本完成以后，中共中央提出了"鼓足干劲，力争上游，多快好省地建设社会主义"的总路线。本来计划用15年到20年完成的农业合作化，结果三四年时间就突击完成了。1958年，毛泽东外出视察农村，有人提出要办人民公社，毛泽东说了一句"人民公社好"，中共中央政治局很快就通过了农村建立人民公社的决议。那一年，还提出了在工业战线搞"技术革命，技术革新"，"增产节约"，"超英赶美"和"向科学文化进军"的口号。于是，全国上下，很快掀起了大办人民公社，大炼钢铁的热潮，总路线、"大跃进"、人民公社成为举国飘扬的三面红旗。在这种"大跃进"的背景下，文艺创作方面出现了一些"新民歌"。有代表性的作品如：

我来了
天上没有玉皇，
地上没有龙王，
我就是玉皇，
我就是龙王，
喝令三山五岳开道，
我来了。

社是山中一株梅
我是喜鹊天上飞，
社是山中一株梅，
喜鹊落在梅树上，
石磙打来也不飞。

一挖挖到水晶殿
铁锹头，二斤半，
一挖挖到水晶殿，
龙王见了直打颤，

就作揖,就许愿,
缴水缴水,我照办。

妹挑担子紧紧追

情哥挑堤快如飞
妹挑担子紧紧追,
就是飞进白云里,
也要拼命追上你。

这些诗最初究竟是工农诗人所作,还是"劳动人民自由创作",不得而知。但它的民歌形式和新的生活内容,被文艺界视为"新民歌"和"社会主义新时代的新国风"。1958年,郭沫若在《红旗》杂志第3期发表的《浪漫主义和现实主义》一文中说:"由于毛泽东同志经常告诫我们应当下乡去或到工厂去'跑马观花'或者'下马观花',我最近也到张家口地区去'跑马观花'了两个星期。的确受到了很好的教育。在工农业生产大跃进的今天,地方上的建设热情,真是热火朝天,正在排山倒海……处处都在进行水利工程,在劈开山岩,抬高河流,使河水上山……到处都是新鲜事物,到处都是诗,到处都是画,诗画气韵生动,意想超拔,真是令人深深感动。……生产热情高入云霄,把太阳当着月亮,心境安闲;月亮当着太阳,勤劳不倦。"

月下挖河泥,千担万担,

郭沫若在张家口为期15天的访问中吟成数十首诗词,辑为《遍地皆诗写不赢》。图为在花园乡为父老乡亲朗诵自己的新作

扁担儿——月牙弯弯。

咕,咕,像一群大雁。

朔风呼啸,汗珠满脸,

今年多施河泥千斤,

明年增产粮食万担。

这是一首新的民歌。

东方白,月儿落。

车轮滚动地哆嗦。

《红旗歌谣》· 161

长鞭甩碎空中雾，

一车粪肥一车歌。

这是又一首新的民歌。

"……我到张家口地区去，自然而然地写了几十首诗，最后一首诗的最后一句是：'遍地皆诗写不赢'，完全是我的实感。……你看，猪肉在见风长，果实在见风长，粮食在见风长，钢铁在见风长，好像都在为实现总路线而作最大的努力、最亲密的团结。"

新民歌创作最初有很大的自发性，也不失想象的大胆与奇特。后来，随着劳民伤财的大炼钢铁，不合时宜的大办食堂，"放卫星"的浮夸风，文艺界也有人提出要放卫星。于是当时的文艺界领导不失时机地提出"人人写诗，人人作画"，号称："中国人多英雄多，一人一铲就成河。中国人多好汉多，一人一镐把山挪。中国人多画家多，一人一笔新山河。中国人多诗人多，一人一首比星多。""放卫星"文艺创作很快变成一种行政行为。一些地方搞起所谓万首诗乡、万首诗兵营、万首诗学校，提出县县出李白，乡乡出鲁迅。一些基层领导强制性命令某车间、某生产队一夜之间要出多少多少诗，写不出来，不能睡觉，不能吃饭。搞得工人、农民、学生、战士为了完成写诗的政治任务吃不下饭，睡不着觉，你抄我一句，我抄你一首，使诗歌创作成了运动群众的蠢事。如"人有多大胆，地有多大产"，"敢问河西英雄汉，小麦何时上五千"，"一个萝卜有多重，十个后生抬不动，用刀砍回一半来，足够全村吃三顿"这样的诗，不知编了多少。对于这种"创造"，郭沫若在《跨上火箭篇》中表达了他的态度：

> 文艺也有试验田,卫星几时飞上天?
> 工农文章遍天下,作家何得再留连。
>
> 到处都是新李杜,到处都有新屈原。
> 荷马但丁不稀罕,莎士比亚几千万。
>
> 李冰蔡伦接联翩,建筑圣人赛鲁班。
> 哥白尼同达尔文,牛顿居里肩并肩。

郭沫若在《长春行》等诗集中,同样有这样的诗句:"水稻产量的惊人,已闻亩产几千斤";"不见早稻三万六,又传中稻四万三";"不闻钢铁千万二,再过几年一万万"等。他还有诗曰:

> 各尽所能配所需,将成老生之常谈。
> 人间天国乌托邦,真是家常茶便饭。
> 未来远景多灿烂?事在人为不虚玄。
> 当前跃进是榜样,跨上火箭往前赶。

1958年9月4日,他给《人民日报》写了这样一封信:

编辑同志:

　　我是8月31日来长春的,参加了精密仪器八大件试制成功庆祝大会,不日将离此回京。

阅报见麻城早稻产量已超过繁昌,前寄上的"跨上火箭篇"中有一节须要全改。

"早稻才闻三万六,中稻又传四万三。

繁昌不愧号繁昌,紧紧追赶麻城县。"

请改为:

"麻城中稻五万二,超过繁昌四万三。

长江后浪推前浪,惊人产量次第传。"

这确实证明:我的笔是赶不上生产的速度。

该诗如已发表,可否请将此信刊出以代更正。又钢产量千万二句,请改为"千万另"。

郭沫若

1958年9月4日于长春

从这封信可以看出,郭沫若是很认真地相信了当时的浮夸宣传。通常,人的轻信是一种可以原谅的失误。但在当时,也有不轻信不盲从的人。若平时养成了随波逐流的习惯,遇到这种大面积的谎话,自然不容易识别。作为中国科学院院长的郭沫若这样轻信,无疑会助长科学界的轻信。在"大跃进"的浪潮中,科学精神之光,在中国大地上熄灭了。

受毛泽东之命,郭沫若和周扬领衔合编了《红旗歌谣》,算是新民歌运动最权威的版本。《红旗歌谣》的序言中说:"大跃进中产生的民歌是美不胜收的,我们以精选为原则。我们的标准是:既要有新颖的思想内容,又要有优美的艺术形式。我们看到很多的新民歌思想超拔,形象鲜明,语言生动,音调和谐,形式活泼;它们是现实主义的,又是浪漫主义的。我们带着无限的喜悦心情把这些民歌选在本集里。"比起"大跃进"时代各地制造的浩如烟海的新民歌,《红旗歌谣》编选的民歌,格调比较健康、清新。无论怎么歌颂,总还是"浪漫"地夸张,人为地违背自然常识地胡吹乱造的没有。想象力"最丰富"的也不过是"玉米稻子密又密,铺天盖地不透风,就是卫星掉下来,也要弹回半空中",在浮夸风中还不算登峰造极。

后来,郭沫若还是看出了"大跃进"的荒谬。他在1963年11月14日致陈明远的信中说:"大跃进运动中,处处放卫星、发喜报、搞献礼,一哄而起,又一哄而散;浮夸虚假的歪风邪气,泛滥成灾,后来强调重视调查研究,树立'三敢三严'的作风,稍有好转。但是直到如今,诗歌评论界(以至整个文艺界)的风气,还是没有彻底端正过来。一些所谓文艺界头面人物,再次败坏现实主义与浪漫主义相结合的名誉,把现实主义丑化为板起面孔说教,把浪漫主义丑化为空洞的豪言壮语。上有好者,下必甚焉。不仅可笑,而且可厌。假话、套话、空话,是新文艺的大敌,也是新社会的大敌。"

对于这些信的真实性,郭沫若的秘书和女儿曾著文质疑。我倾向于相信这是郭沫若的心里话。

"文革"第一波

1965年年末,姚文元批判京剧《海瑞罢官》的文章在《文汇报》发表以后,"文化大革命"的鼓声一阵紧似一阵,吴晗、田汉、翦伯赞相继被批判,郭沫若也有唇亡齿寒之感。此前,郭沫若曾于1960年观看川剧《大红袍》,作七律一首:

> 刚峰当日一人豪,克己爱民藐锯刀。
> 堪笑壅君如土偶,竟教道士作天骄。
> 直言敢谏疏犹在,平产均田见可高。

公道在人成不朽,于今犹演大红袍。

并有注释:《大红袍》即《海瑞传》,海瑞号刚峰先生。《明史·海瑞传》称海瑞主张恢复井田制,不得已则当限田,再不得已亦当均税。 此人在当时颇得民心。

1961年2月,郭沫若到海口参观海瑞墓,又作诗称赞海瑞:"我知公道在人心,不违民者民所悦。史存直言敢谏疏,传有平产均田说。"

肯定海瑞,本是历史学家历来的主流观点。 毛泽东本人也在党内倡导学习海瑞精神。 连吴晗写《海瑞罢官》也不是自发行为,而是响应毛泽东的号召才下笔的。 但到"文革"前夕,谁赞扬海瑞就等于谁要为彭德怀翻案,就等于反党反社会主义。 称赞过海瑞自然也成了郭沫若的一块心病。

1966年1月,他写信给中国科学院副院长兼党委书记张劲夫说:

我很久以来的一个私愿,今天向您用书面陈述。我耳聋,近来视力也很衰退,对于科学院的工作一直没有尽职。我自己心里是很难过的,怀惭抱愧,每每坐立不安。因此,我早就有意辞去科学院的一切职务(院长、哲学社会科学部主任、历史研究所所长、科技大学校长等),务请加以考虑,并转呈领导上批准。

我的这个请求是经过长远的考虑的,别无其他丝毫不纯正的念头,请鉴察。

敬礼

郭沫若
1966年1月27日

张劲夫收到这封信后，马上于 1 月 31 日下午 4 时去郭沫若家看望。他对郭沫若说："信已收到，感到兹事体大，已将信送给定一同志，并请定一同志转中央。是否由于我们工作有缺点，使郭老感到有负担，请郭老告诉我们，以便努力改正。因为聂总在广州休养，我托聂总秘书将郭老信的内容转报了聂总。聂总秘书由广州打电话来，要我将聂总的话转告郭老。聂总说，他得知郭老的信，感到有些惊讶。如果是科学院的工作同志工作中有缺点，对郭老尊重不够，望郭老不用客气提出来，务必改正。"

郭沫若对张劲夫说："我写信绝不是聂总和你说的原因，而是从最近批判《海瑞罢官》等问题，感到自己的问题也很多。我自己感到是一潭臭水，只是盖子未揭开，一揭开盖子，问题是很多的，继续担当这些职务，怕影响不好，于心很不安。过去我也曾经提过，最近经过一再考虑，所以写这封信，主要是自己感到惭愧。我连现在住这样的房子也感到不安，有时想到是否让我下去锻炼锻炼，当一个中学教员。"

张劲夫说："郭老著作中的一些问题，与吴晗等人的问题，根本性质不同。"

郭沫若说："我的问题是与吴晗不同，吴是借古讽今，我是借古颂今。如《武则天》中的裴炎，我是影射彭德怀的。不过我仍是感到问题不少。比如学雷锋、王杰，要言行一致，我在有些问题上就不够言行一致。党对我这样重视，担任这么多职务，有时总感到不安，怕影响不好。中央指示要大力提拔新生力量，是否提拔年纪轻一些的人来担任更好。"

张劲夫说："有些领导职务，要考虑国内国外的影响。"

郭沫若向张劲夫谈起历史学界几年来的情况，说许多事情当时并不清楚，接下来尹达同志向他反映了，他才比较清楚。阶级斗争确实很尖锐，很复杂。郭沫若还把尹达的文稿《史学遗产与史学革命》及自己写的《批判海瑞与思想改造》拿给张劲夫看。

张劲夫和郭沫若商议开一个党委扩大会，郭沫若表示："因听觉不便，有些会不能参加，对会议文件一定要参加讨论。"

张劲夫还说："郭老前一时看了许多所的工作，给青年人鼓舞很大，还有几个单位未看，是否在身体好的时候继续去看？"

但是，没有多久，中宣部部长陆定一便被打倒，中宣部也被毛泽东宣布为阎王殿。这不能不引起郭沫若新的心理压力。

1966年4月14日，人大常委会举行第三十次会议，新任文化部副部长石西民作"关于社会主义文化革命"的报告，郭沫若听后即席发言："石西民同志的报告，对我来说，是有切身的感受。说得沉痛一点，是有切肤之痛。在一般的朋友、同志们看来，我是一个文化人，甚至于好些人都说我是一个作家，还是一个诗人，又是一个什么历史学家，一直拿着笔杆子在写东西，也翻译了一些东西。按数字来讲，恐怕有几百万字了。但是，拿今天的标准来讲，我以前所写的东西，严格地讲，应该全部把它烧掉，没有一点价值。……我自己作为一个党员，又是一个什么家，眼泪要朝肚子里流。我虽然已经七十几岁了，雄心壮志还有一点。就是说要滚一身泥巴，我愿意；要沾一身油污，我愿意；甚至于要染一身血迹，假使美帝国主义要来打我们的话，我向美帝国主义分子投几个手榴弹，我也愿意。"①

---

① 冯锡刚：《郭沫若在1966年》，见丁东编：《反思郭沫若》，作家出版社，1999年3月出版，第9~10页。

郭沫若再不提辞职之事，但对自己以前的作品，来个全盘否定。这种说法，正合毛泽东的心思。当康生让人大秘书长连贯将记录稿送毛泽东时，毛泽东立即指示公开发表。发表以后，在国内外引起连锁反应。日本一些作家认为郭沫若受到很大压力。苏联《文学报》也全文刊载，让国人感到有幸灾乐祸之意。在7月4日的亚非作家会议上，郭沫若对此作了辩解："我说用今天的标准看来，我以前所写的东西没什么价值，应该烧掉。这是我的责任感的升华，完全是出自我内心深处的声音。但我这话传播出去，出乎意外地惊动了全世界，有不少朋友对我表示深切的关怀。在资本主义国家和现代修正主义国家的报纸和刊物上，还卷起了一阵相当规模的反华浪潮。它们有意歪曲我的发言，藉以反对我国的文化大革命。"

这段往事，已经过了四十多年。现在看，郭沫若4月14日的发言未尝不是出于恐惧心理。与其像吴晗一样被当成"文化大革命"的靶子，不如自己先说点过头话，以便解脱出来。但这种做法，起码在客观上为全盘否定历史的极"左"思潮助长了声势。考虑到郭沫若说这番话时有"拿今天的标准来讲"的限制词，倒也算符合当时的实际。而他7月4日的自辩是很勉强的。对待发动"文革"的问题，当时是旁观者清，当局者迷。

"文革"开始后，怀疑一切的思潮十分盛行。社会上谣传郭沫若为长篇小说《欧阳海之歌》所题书名中隐有"反毛泽东"字样，有些中学生甚至要求郭沫若限期交代罪行。当时周恩来为保护郭沫若，让他转移住地，住进供毛泽东等中央领导人休养的新六干所。郭沫若作《水调歌头》一首，记录了这件事：

《欧阳海之歌》书名为余所写,海字结构本一笔写就。有人穿凿分析,以为寓有"反毛泽东"四字,真是异想天开。

海字生纠葛,穿凿费深心。爰有初中年少,道我为金壬。诬我前曾叛党,更复流氓成性,罪恶十分深。领导关心甚,大隐入园林。

初五日,零时顷,饬令严。限期交待,如敢搞违罪更添。堪笑白云苍狗,闹市之中出虎,朱色看成蓝。革命热情也,我亦受之甘。

然而,灾祸并没有如郭沫若预期的降临到他的头上。毛泽东拿吴晗开刀,意在顺藤摸瓜,揪出身边的"赫鲁晓夫式的人物",而不是揪出比吴晗更大的学术权威。很快,局势就明朗了。郭沫若明确地被中央定为重点保护对象。

1966年8月29日晚,中央文史馆馆长章士钊被红卫兵抄家。次日,章士钊给毛泽东写信请求保护,毛泽东当天批示:"送总理酌处。应当予以保护。"周恩来当天亲笔写了一份应予以保护的著名人士名单,包括宋庆龄、郭沫若、章士钊、程潜、何香凝、傅作义、张治中、蔡廷锴、邵力子、蒋光鼐、沙千里、张奚若、李宗仁等。这些人,基本上都是著名民主人士。显然,郭沫若在红卫兵破"四旧"抄家的高潮中,按优待高级民主人士的特殊政策免受冲击。当时,共产党内的高级干部不在这个政策的保护之列。

中华人民共和国中央人民政府建立时,郭沫若以无党派民主人士的身份担任政务院四个副总理之一,主管文教。1958年公开宣布入党以后,不曾以党内领导人身份出现。1969年4月举行的中国共产党第九次全国代表大会，是共产党内大批老资格的高级领导干部纷纷靠边站的一次党代会，而郭沫若却在这次大会上第一次当选中共中央委员。在这次党代会上，陈毅等被列入"二月逆流"的老干部也当选了中央委员，却并未改变他们靠边站的处境。他们在分组会中还得挨批作检讨，连当选中央政治局委员的朱德在分组会上都受到造反派出身的党代表的训斥。相比之下，郭沫若的日子要好过得多。毛泽东在九大开幕前一天的下午两点钟，还给将在第二天代表中共中央作政治报告的林彪写了一封信，内容是："林彪同志：又看了一遍，作了一些修改，主要是把第四节与第三节对调一下，末尾一小节当作第五节。这是郭沫若同志提出来的，我觉这个意见较好。是否可以，请你酌定，并告姚、张二同志。"郭沫若虽然只是就九大政治报告的逻辑结构提了一些技术性的修改意见，但在当时，能够被征求意见，提出意见又能得到采纳的人，实在是太少了。陈伯达当时是中央政治局常委，他为九大的政治报告起草的初稿，因为主张发展生产被毛泽东断然否定，惶惶不可终日。由此可见郭沫若当时的政治处境已经相当安全了。

九大期间，共召开三次全体会议，郭沫若分别作《满江红》三首以记之，其一是《庆祝九大开幕》：

雄伟庄严，像沧海，波涛汹涌。太阳出，光芒四射，欢呼雷动。万寿无疆声浪滚，三年文革凯歌纵。开幕词，句句如洪钟，千钧重。

大工贼，黄粱梦；帝修反，休放纵！听谆谆教导，天衣无缝。改天换地争胜利，除熊驱虎英雄颂。庆神州，一片东方红,献忠勇!

其二是《歌颂九大路线》:

　　九大高潮,新路线,康庄大道!专政下,坚持革命,加强领导。赤县神州红万代,无产阶级长不老!七亿人,朝气如星云,团结好!

　　纸老虎,戳穿了;乌龟壳,粉碎掉。喜纳新吐故,心雄力饱!万朵葵花头上仰,一轮红日心中照。新凯歌,来自新战场,珍宝岛!

其三是《庆祝九大闭幕》:

　　《国际歌》中,庆"九大",辉煌闭幕。呼万岁,千声霹雳,万声台飑。天地立心妖雾扫,帝修落魄瘟神惧。喜工农,牢掌专政权,真民主。

　　团结会,及时雨;有希望,开新宇。同环球凉热,还须争取。备战备荒抓革命,戒骄戒躁服民务。更高擎,天样大红旗,排空舞。

这几首词,虽然运用流行口号不无生硬之处,但还是表现了郭沫若当时的喜悦心情。经过"文革"第一回合惊天动地的政治风浪,总算是平安着陆了。

郭世英之死

郭世英是郭沫若的第六个儿子，在 11 个儿女中排行第八。生于 1942 年，母亲于立群。牟敦白在回忆文章中这样形容他："一米七八的个子，经常锻炼，身材匀称结实，一张马雅可夫斯基式的线条分明的面孔，和郭沫若先生文质彬彬的形象大不相同，除了那继承乃父智慧的宽阔的前额，他完全是一个现代型的知识分子。"郭世英在北京 101 中学毕业后，考入北京大学哲学系。他是一个才华过人的青年，他有一颗敏锐而独立的心，不甘于按部就班地进入体制，而是和张东荪的孙子张鹤慈等几个朋友成立了一个 X 诗社，一起切磋艺术，也探讨政治和学术问题。他们相互通信，还油印了刊物。但这些很快落到了公安部门的手里，并引起最高领导人的震怒。X 诗社被打成反动组织，几个成员被捕。郭世英因为父亲的特殊地位，在周恩来的过问下，"敌我矛盾按人民内部矛盾处理"，送河南黄泛区西化农场劳动。一年多以后，郭世英已是一派农民打扮，生活习惯也完全农村化，好像换了一个人。被允许回北京后，郭世英入中国农业大学改读植物栽培学，再不过问艺术和政治问题。青年学生自发地成立一个诗社，在父辈的青年时代是很正常的。没有创造社，就没有郭沫若的崛起。然而当儿子们也要尝试一下父辈做过的事情时，却遭遇到了如此噩运，并且麻烦并没有结束。"文革"高潮中的 1968 年 4 月 19 日，有"前科"的郭世英遭到了中国农业大学造反派的绑架和关押。据说他们得到了"中央文革"成员的指示。凶信马上传到了家中。当晚，郭沫若要出席一个有周恩来参加的宴会。于立群一再恳求丈夫，转告周恩来，请他救救儿子。这一晚，郭沫若就坐在周恩来的身旁，却没有向周恩来开口。

几天之后，噩耗传来，儿子已经告别了人世。杨健在《文革中的地下文学》一书中是这样记载的："郭世英在 1968 年 4 月 26 日清晨 6 时，被造反派迫害至死。在农业大学私设的牢房中，他被四肢捆绑在椅子上，轮番批斗，连续三天三夜，受尽人身污辱。然后，人反绑着从关押他的房间，一个三层楼上的窗口中，'飞出来'，肝脑涂地。"

得知儿子的噩耗，面对妻子的指责，郭老无奈地说了一句话："我也是为了祖国好啊！"

祖国，这里实际上是国家机器。这架机器自诞生之后，他一直为

郭沫若两个早逝的儿子郭民英和郭世英

之呼喊，而丝毫不敢违背其意志。没想到，这架机器竟然张开了血盆大口，生吞了自己最心爱的儿子。郭沫若的另一个儿子郭民英，原来在中央音乐学院学习，因为把家中一台录音机拿到学院使用，有同学给毛泽东写信，批评这是特殊化，毛泽东作了批示，郭民英只好弃学从军，1967年因忧郁型精神分裂症发作而弃世。

也许是懊悔儿子活着的时候，做父亲的没有帮他抓住最后的生机，也许是感慨"革命"的疯狂与残酷，这时，年事已高的郭沫若开始伏案，用毛笔工工整整地抄写儿子留下的日记。他整整抄了八册，和儿子的遗像一起放在案头，直到去世。这成为他晚年心灵深处难以忘却的伤痛。

水调歌头

郭沫若以诗成名。写诗，几乎贯穿了他的一生。在他的晚年，每当发生重大政治事件，他往往要发表诗词表态。也许是巧合，这些表态性诗词，不少都用了"水调歌头"的词牌。比如1966年8月中共召开八届十一中全会，郭沫若时在上海，8月19日发表了如下一首：

战鼓云霄入，火炬雨中红。千万人群潮涌，上海为之空。昨日天安门外，主席亲临检阅，今夕一般同。请莫徒惊讶，主席在心中。

颂公报,歌决定,庆成功。普天同庆,八届新开十一中。创造上层建筑,扫荡蛇神牛鬼,除去害人虫。深入新阶段,革命鼓雄风。

当时,中国作家诗人基本上处于人人自危的状态,能够在报纸杂志上公开署名发表诗词者已经没有几个。郭沫若能够署名发表诗词,不论写得怎么样,本身就表明他享受着一种特殊的政治待遇。

9月5日,郭沫若又为毛泽东一个月前的大字报《炮打司令部》作了一首词:

一分总为二,司令部成双。右者必须炮打,哪怕是铜墙!首要分清敌友,不许鱼龙混杂,长箭射天狼。恶紫夺朱者,风雨起苍黄。

触灵魂,革思想,换武装。光芒万丈,纲领堂堂十六章。一斗二批三改,四海五湖小将,三八作风强。保卫毛主席,心中红太阳!

因为毛泽东的大字报当时没有公开发表,所以郭沫若这首词也无法公之于世,但此类歌颂"文革"的《水调歌头》,他还写了多首。比如,1966年9月9日题为《文革》的一首:

文革高潮到,不断触灵魂。触及灵魂深处,横扫几家村。

保卫政权巩固,一切污泥浊水,荡涤不留痕。长剑倚天处,高举劈昆仑。

铲封建,灭资本,读雄文。大鸣大放,大字报加大辩论。大破之中大立,破尽千年陈腐,私字去其根。一唱东方晓,红日照乾坤。

又比如1966年11月28日,毛泽东第八次检阅红卫兵后写的《大民主》:

首创大民主,举国串连来。众水朝宗大海,浩浩起风雷。八道红流滚滚,万岁声涛澎湃,涤荡长安街。地上太阳喜,天上太阳陪。

大检阅,大锻炼,大旋回!精神导弹,鼓动群生破旧胎。发展马恩理论,扩大列斯光烈,粉碎帝修圈。宇宙春回了,烂漫百花开。

郭沫若对党内斗争的情况,未必完全了解。不明就里,还要写诗词表态,未免可悲。当时全党全国对毛泽东都处于盲目崇拜之中,这不能看成是郭沫若一个人的失误。直到"文革"后期,郭沫若又发表了一首《水调歌头·庆祝无产阶级文化大革命十周年》:

四海《通知》遍,文革卷风云。阶级斗争纲举,打倒刘和林。十载春风化雨,春见山花烂漫,莺梭织锦勤。茁茁新苗壮,天下凯歌声。

走资派,奋螳臂,邓小平。妄图倒退,奈"翻案不得人心","三项为纲"批透,复辟罪行怒讨。动地走雷霆。主席挥巨手,团结大进军。

这首诗发表五个月后,中国政治格局发生了重大变化。毛泽东去世了,江青等人被捕,华国锋上台主政。郭沫若又写了一首《水调歌头·粉碎四人帮》:

大快人心事,揪出四人帮。政治流氓文痞,狗头军师张。还有精生白骨,自比则天武后,铁帚扫而光。篡党夺权者,一枕梦黄粱。

野心大,阴谋毒,诡计狂。真是罪该万死,迫害红太阳。接班人是俊杰,遗志继承果断,功绩何辉煌。拥护华主席,拥护党中央。

对这两首词,有研究者认为,前者失败,后者成功。后者经豫剧演员常香玉演唱后,流行一时,成为当时最具代表性的群众歌曲。但从艺术角度考察,郭沫若这两首词的风格并没有什么区别。他在"文革"期间写作的所有诗词,风格上都是一脉相承的。教训是否是诗词里运用了过多的政治概念呢? 其实,政治概念入诗,并非一概败笔。比如聂绀弩的"自由平等遮羞布,民主集中打劫棋",李锐的"文章自古多奇狱,思想从来要自由",都是政治概念入诗,不但无伤艺术，而且堪称名句。 上面所举郭沫若的这些水调歌头，政治概念用得的确是过于生硬了一些，但其主要毛病还不是借用了过多的流行政治口号，而实在是缺乏独立思考。 当然，特殊地位也给他带来了一些麻烦，每逢大事，就有党报党刊约请他写诗表态，他又不便推却。 要表态，只能按照当时的政治口径来写，诗词成了应景的手段，自然谈不上有什么个人的真性情。 但这些诗词，并不都是应约而作。 比如歌颂《炮打司令部》那首，就可以推断是郭老主动写的，这是政治表态惯性使然吧。

《李白与杜甫》

《李白与杜甫》是郭沫若生前发表的最后一部学术专著,酝酿于1967年至1968年,写成于1969年,曾用16开大字本少量印刷,1971年10月由人民文学出版社正式出版。当时,中国正处于"文化大革命"中,几乎所有学者都失去了发表学术著作的权利,郭沫若和章士钊能出版个人论著是极少的例外。这虽然是特殊的优待,自然免不了打上了深深的"文革"印记。

比如此书第一节对陈寅恪的指责。陈寅恪在史学界的地位,当时一般读者可能不清楚,郭沫若却十分清楚。20世纪50年代中国科学院成立三个历史研究所时，曾计划让陈当第二历史研究所即中古所所长，陈以请求允许不宗奉马克思主义而婉拒。这种态度不免使当时身兼中国科学院院长、哲学社会科学部主任和第一历史研究所所长的郭沫若感到难堪。因此，郭沫若的《李白与杜甫》虽说讲的是学术问题，但言辞之间也有鞭尸的意味。诸如说陈"以讹传讹"，"他的疏忽和武断，真是惊人"等。陈寅恪在"文革"初期因挨整病故，对此，郭不一定知道。但陈寅恪在这时有没有发表文章的机会和答辩的权利，郭沫若却十分清楚。唐代历史正是陈寅恪的专长，趁他无法回应，就在他的专长领域教训他一番吧。

李白和杜甫都是中国唐代大诗人，一个被称为诗仙，一个被称为诗圣。他们都是中国古代诗歌艺术的杰出代表。原来郭沫若偏爱李白，而不甚喜欢杜甫，纯属他个人的艺术趣味。不能因为杜甫在中国文学史上地位很高，就强求每个诗人、每个读者都喜欢他。但这本书的基调是褒李贬杜。褒李人们可以接受，而贬杜在当时就引起了读者的非议。"文革"结束后，更有萧涤非、李汝伦、陈榕甫等公开著文批评。也有一些论者为郭老辩解。这本书到底怎么样，不妨还是以人们比较熟悉的《茅屋为秋风所破歌》为例，看看郭沫若在书中是怎样解读杜甫的吧。杜甫的原诗是：

八月秋高风怒号，卷我屋上三重茅。茅飞渡江洒江郊，高者挂胃长林梢，下者飘转沉塘坳。南村群童欺我老无力，忍能对面为盗贼。公然抱茅入竹去，唇焦口燥呼不得，归来倚杖自叹息。俄顷风定云墨色，秋天漠漠向昏黑。布衾多年冷似铁，娇儿恶卧踏里裂。床头屋漏无干处，雨脚如麻未断绝。自经丧乱少睡眠，长夜沾湿何由彻？安得广厦千万间，大庇天下寒士俱欢颜，风雨不动安如山！呜呼，何时眼前突兀见此屋？吾庐独破受冻死亦足！

郭沫若分析道："诗人说他所住的茅屋，屋顶的茅草有三重。这是表明老屋的屋顶加盖过两次。一般地说来，一重约有四五寸厚，三重便有一尺多厚。这样的茅屋是冬暖夏凉的，有时比起瓦房来还要讲究。茅草被大风刮走了一部分，诗人在怨天恨人。

"使人吃惊的是他骂贫穷的孩子们为'盗贼'。孩子们拾取了被风刮走的茅草，究竟能拾取得多少呢？亏得诗人大声制止，喊得'唇焦口燥'。贫穷的孩子们被骂为'盗贼'，自己的孩子却是'娇儿'。他在诉说自己的贫困，他却忘记了农民们比他穷困百倍。

"异想天开的'广厦千万间'的美梦，是新旧专家们所同样乐于称道的，以为'大有民胞物与之意'，或者是'这才足以代表人民普遍的呼声'。其实诗中所说的分明是'寒士'，是在为还没有功名富贵或者有功名而无富贵的读书人打算，怎么能够扩大为'民'或'人民'呢？农民的儿童们拿去了一些被风吹走的茅草都被骂为'盗贼'，农民还有希望住进广厦里吗？那样的'广厦'要有千万间不知道要费多大的劳役，诗人恐怕没有梦想到吧？"①

杜甫这首千百年来令无数读者深深感动的名诗，就这样被郭沫若用阶级斗争的照妖镜照成了丑八怪。

这种在极"左"思潮支配下的大批判思维，在"文革"中并不稀

---

① 郭沫若：《李白与杜甫》，第138页，人民文学出版社，1971年。

奇，郭沫若用在杜甫身上，不过是受时代病的传染而已，本不值得大惊小怪。但同样是这本书，对李白怎么不去上纲上线呢？这仅仅是郭沫若个人偏爱所致么？有人认为这与毛泽东喜欢三李（李白、李贺、李商隐）有关。能说一点影子也没有吗？

最后的考古

"文革"初期,中国的科学文化事业陷入全面停顿状态。 在破"四旧"的风暴中,在历史虚无主义思潮的支配下,一些青年受"破四旧,立四新"的口号蛊惑,摧毁了许多珍贵文物。 不过,在整个"文革"过程中,文物和考古又成为较早恢复业务的领域。 这固然与当时的外交需要有关,其中,郭沫若兼国家领导人与考古专家于一身的这种特殊的身份,也为文物考古业务的恢复起到了独特的促进作用。

1967 年 7 月 22 日,郭沫若就出土文物出国展览之事,写信请示周恩来。 信中提出将《考古学报》《文物》《考古》三种杂志复刊,以应国内外之需要。两天后，周恩来批复给有关部门办理。所以，"文革"初期，各种专业学术刊物几乎全面停办，这三种刊物最先得到了恢复。

1968年7月22日，在部队护卫下，郭沫若赴河北满城汉墓发掘现场。

1972年郭沫若的《出土文物二三事》一书出版。

今天，在肯定郭沫若为"文革"中恢复文物考古事业做出的独特贡献的同时，也应当看到，把文物考古事业捆在"文化大革命"的战车上，难免会让考古的科学精神走调变味。比如，按照郭沫若给周恩来的建议，1971年在北京故宫举办了"无产阶级文化大革命期间出土文物展"，有两件被郭沫若命名为"坎曼尔诗笺"的文书在其中展出，一是署着"坎曼尔元和十五年抄"的白居易《卖炭翁》诗，另一是注明写于元和十年的三首诗，原诗是：

忆学字

古来汉人为吾师，为人学字不倦疲。吾祖学字十余载，吾父学字十二载，今吾学之十三载。李杜诗坛吾欣赏，迄今皆通习为之。

教子

小子读书不用心，不知书中有黄金。早知书中有黄金，高招明灯念五更。

诉豺狼

东家豺狼恶，食吾馕，饮吾血。五谷未离场，大布未下机，已非吾所有。有朝一日，天崩地裂豺狼死，吾却云开复见天。

1967年7月22日，郭沫若致文献文物考古工作的许多具体问题写信请示周恩来总理。7月24日周恩来即批复有关部门办理。在十年动乱的困境中，我国的文物考古事业正是这样得到了保护，避免了更大的损失

1968年7月22日,郭沫若亲临河北满城汉墓发掘现场视察,与中国科学院考古研究人员商议下一步发掘方案

郭沫若为此还写了论文《〈坎曼尔诗笺〉试探》发表在《文物》1972年第2期上。文中说:

> 坎曼尔这位兄弟民族的古人是值得我们尊敬的,他既抄存了白居易有进步意义的《卖炭翁》,又还有他自己做的痛骂恶霸地主的《诉豺狼》,有这双重保证,无论怎么说,他应该是一位进步的积极分子。还有他那种民族融洽的感情也是高度令人感动的。狭隘的民族主义或大民族主义,在他的心坎

中,看来是完全冰消雪化了。①

郭沫若的称赞,自然引起了全社会的重视,这些诗不但出现在各种报纸杂志书籍上,还被选入中小学课本。但是,其真伪一直受到学界的质疑。历史学家张政烺当时就提出三点怀疑,说明诗笺不是唐代文书。一是文书中竟有20世纪50年代中期才推行的简化字;二是文书中的字体不会出现在明万历年间以前;三是有些词语不是唐代所能有的。前苏联报刊也发表文章,指出文书背面的察合台文是一种古维吾尔文,始创于13世纪,比唐开元年晚400多年,同一张纸正反面文字相差400年以上说不通。后来,其他学者也提出质疑。最后,学者杨镰经过调查,得证此所谓唐代文书,乃新疆维吾尔自治区博物馆某工作人员于20世纪60年代初伪造的。伪造者虽已去世,但代其抄写者讲述了事情的经过,解开了这个谜。

在这个问题上,看来郭沫若是上当了。这种事情固然有让人难料的一面,但急于让考古服务于现实政治,将有些本来可以凭历史知识发现的蛛丝马迹都忽略掉了,这不能不说是一个遗憾。

---

① 杨镰:《坎曼尔诗笺》,见丁东编:《反思郭沫若》,第179页,作家出版社,1999年。

孔夫子和秦始皇

郭沫若原来是尊孔的。五四时代,"打倒孔家店"是一个响亮的口号,郭沫若却有不同的看法。他在给宗白华的信中说:"孔子这位大天才,要说他是政治家,他也有他的'大同'的主义;要说他是哲学家,他也有他的'泛神论'的思想;要说他是教育家,他也有他的'有教无类'、'因材施教'的动态的教育原则;要说他是科学家,他本是个博物学者,数理的通人;要说他是艺术家,他本是精通音乐的;要说他是文学家,便单就他文学上的功绩而言,孔子的存在,便是难推倒的:他删《诗》《书》,笔削《春秋》,使我国古代文化有系统的存在，我看他这种事业，非是有绝伦的精力，审美的情操，艺术批评的妙腕，那是不能企冀得到的。……要说孔子是个'宗教家'、'大教主'，定要说孔子是个中国的'罪魁'、'盗丘'，那是未免太厚诬古人而欺示来者。"①

20 世纪 40 年代，郭沫若发表了《十批判书》，更加系统地表达了肯定孔子思想的观点："孔子是由奴隶社会变成封建社会的那个上行阶段中的先驱者"，"孔子的立场是顺乎时代的潮流，同情人民解放的"。同时，他还对秦始皇进行了尖锐的批判，认为"秦始皇统一中国是奴隶制的回光返照"。这种见解和他的"人民本位"历史观是一致的。他提出这些见解，一方面出于他原有的学术信念，同时也是有意用秦始皇来影射蒋介石，批评蒋的独裁政治。

当时，毛泽东也认为"孔孟有一部分真理"，不赞成简单地打倒孔家店。但中华人民共和国成立以后，毛泽东成了至高无上的一国之尊，他按照自己的政治需要，愈来愈明确地肯定秦始皇，否定孔夫子。

1958 年，毛泽东在中共八大二次会议上说："我跟民主人士辩论过，他们骂我们是秦始皇，不对，我们超过秦始皇一百倍。骂我们是秦始皇，是独裁者，我们一概承认。可惜的是，他们说得不够，往往还要我们加以补充。"

1964 年 6 月，毛泽东又说："秦始皇是第一个把中国统一起来的人物，不但政治上统一中国，而且统一了中国的文字、中国的各种制度如度量衡，有些制度后来一直沿用下来。中国过去的封建君主还没

---

① 季国平：《毛泽东与郭沫若》，第 321 页，北京出版社，1998 年。

有第二个人超过他的。"

1968年10月,在中共八届十二中全会上,毛泽东说:"我这个人有点偏向,不那么喜欢孔夫子。赞成说他代表奴隶主、旧贵族的观点,不赞成说他代表新兴地主阶级。因此郭老的《十批判书》崇儒反法,我也不那么赞成。"

20世纪70年代,"林彪事件"以后,毛泽东又说:"秦始皇是中国封建社会第一个有名的皇帝,林彪骂我是秦始皇。中国历来有两派,一派讲秦始皇好,一派讲秦始皇坏。我赞成秦始皇,不赞成孔夫子。"毛泽东还说自己是"马克思加秦始皇"。

毛泽东的这些话,当然会传到郭沫若的耳朵里。于是郭沫若不断调整自己的观点。原先他曾把中国古代社会奴隶制与封建制的分期定在秦汉之交,50年代他改为春秋战国之交,这样秦始皇就不再是没落的奴隶主阶级的代表,而成为新兴封建阶级的代表。同时,他又为中国历史上被认为是暴政的统治者商纣王、曹操、武则天等一一翻案,以呼应毛泽东的思路。但是,直到"文革"当中,他还没有来得及完全把自己的观点由尊孔变为反孔,由反秦变为尊秦。到"批林批孔"运动时,毛泽东还是把郭沫若当成了赞成孔夫子反对秦始皇的代表。1973年7月4日,他对王洪文和张春桥说:"郭老在《十批判书》里头自称人本主义,即人民本位主义,孔夫子也是人本主义,跟他一样。郭老不仅是尊孔,而且是反法。尊孔反法,国民党也是一样啊!林彪也是啊!我赞成郭老的历史分期,奴隶制以春秋战国之间为界。但是不能大骂秦始皇。"[1]随后,江青在1974年1月25日召

---

[1] 季国平:《毛泽东与郭沫若》,第321页,北京出版社,1998年。

开的"批林批孔"动员大会上作了发挥:"对郭老,主席是肯定的多,大多数是肯定的,郭老功大于过,郭老对分期,就是奴隶和封建社会的分期,是有很大的功劳的。他有一本书,《奴隶制时代》。郭老对纣王的翻案、郭老对曹操的翻案,这都是对的,而且最近还立了一个大功,就是考证出李白是碎叶人。碎叶在哪儿呢?就在阿拉木图,就是说,那些地方原来是我们的。郭老的功勋是很大的,这点应该同志们知道。他这个《十批判书》是不对的。""他对待孔子的态度,同林彪一样"。[1]

此前,1973 年 5 月,毛泽东写了一首五言诗:

郭老从柳退,不及柳宗元。
名曰共产党,崇拜孔二先。

同年 8 月 5 日,又让江青记录下他的七律《读〈封建论〉,赠郭老》:

劝君少骂秦始皇,焚坑事件要商量。
祖龙魂死业犹在,孔学名高实秕糠。
百代多行秦政制,十批不是好文章。
熟读唐人封建论,莫从子厚返文王。

毛泽东作此二诗,意在发动"批林批孔",一改过去与郭沫若谈

---

[1] 季国平:《毛泽东与郭沫若》,第 327 页,北京出版社,1998 年。

诗论艺的客气口吻，再也没有什么商量的余地了。当然，对于郭沫若本人，他还是保护的，在发动"批林批孔"时，他还特别嘱咐谢静宜："别批郭老啊！"①

面对一言九鼎，对他又批又保的毛泽东，郭沫若只得小心地迎合。他以《春雷》为题，作七律一首：

> 春雷动地布昭苏，沧海群龙竞吐珠。
> 肯定秦皇功百代，判宣孔二有余辜。
> 十批大错明如火，柳论高瞻灿若朱。
> 愿与工农齐步伐，涤除污浊绘新图。

就这样，郭沫若一生对孔子的基本见解，转了一个180度的大弯儿，他对秦始皇的批判也完全抛弃了。只是在张春桥到他家当面指责他抗日战争时的论著是王明路线的产物时，他才为自己的初衷作了辩解："我当时是针对蒋介石的。"张春桥要他撰写"批宰相"，他也拒绝了。但直到毛泽东逝世一年以后，郭沫若仍然写诗赞扬毛泽东对他的批评：

> 形象思维第一流，文章经纬冠千秋。
> 素笺画出新天地，赤县翻成极乐洲。
> 四匹跳梁潜社鼠，九旬承教认孔丘。
> 群英继起完遗志，永为生民祛隐忧。

---

① 季国平：《毛泽东与郭沫若》，第326页，北京出版社，1998年。

又过了不到一年,郭沫若也与世长辞了。在最后的岁月,他是真心改变了自己对孔子和秦始皇的学术观点,还是言不由衷地表态,人们就不得而知了。

灰撒大寨

郭沫若去世前，嘱咐家人，死后把他的骨灰撒到大寨肥田。据于立群回忆：

四五月间，沫若的病情几次恶化。

他要孩子们把科学大会上华主席关怀他的照片好好珍藏起来。

他把我和孩子叫到身边，要我们记下他的话：

"毛主席的思想比天高，比海深，照毛主席的思想去做，就会少犯错误。"

"对党的关怀,我特别感谢,我在悔恨自己为党工作得太少了。"

"我死后,不要保留骨灰。把我的骨灰撒到大寨,肥田。"

他的愿望得到了满足,大寨的虎头山上,至今给他立着石碑。

先哲去世,有的把骨灰撒入大江大海,有的撒入高山大地,这都可以表明胸怀的广阔。即便是魂归故里,也是人之常情。

而郭沫若却选择了大寨。

说起来,郭沫若和大寨的因缘,可以追溯到1965年冬天他赴山西参观农村社教工作,当时他已73岁。次年元旦,他在《光明日报》发表旧体诗18首,总题《大寨行》。其中一首写道:

全国学大寨,大寨学全国。
人是千里人,乐以天下乐。
狼窝变良田,凶岁夺大熟。
红旗毛泽东,红遍天一角。

后有友人向他求字,他多次书写了这首诗,说明他颇为自得。

灰撒大寨,自有郭沫若的动机。虽然他没说,但我们可作一些推测。"文革"十年,白云苍狗,无数次风云变幻,唯有大寨红旗不倒。毛泽东去世后,华国锋又接过了这面旗帜,他担任中共中央主席后召开的第一个全国性大会就是第二次农业学大寨会议。大寨在中国政治经济生活中的特殊地位在毛泽东身后得到了空前的强调。农业学大寨、工业学大庆当时被视为新长征的国策。连叶剑英元帅都亲赴大寨参观赋诗。或者说，大寨这面旗帜举不举，是检验"后毛泽东时代"执行不执行"两个凡是"策略的重要标志。郭沫若自然仍不肯落后，于1977年2月6日又作《望海潮》一阕，再颂农业学大寨——

> 四凶粉碎，春回大地，凯歌入云端。天样红旗，迎风招展，虎头山上蹁跹。谈笑拓田园，使昆仑俯首，渤海生烟。大寨之花，神州各县，遍地燃。
>
> 农业粮食攸关，轻工业原料，多赖支援。积累资金，繁荣经济，重工业基础牢坚，主导愈开展，无限螺旋。正幸东风力饱，快马再加鞭。

诗人毕竟到了暮年，格律虽然烂熟于心，激情却已不再，只能给人一种表态的印象。

这年12月，画家关良画了一幅《鲁智深》，请郭沫若题字，郭沫若欣然命笔：

> 神佛都是假，谁能相信它！
> 打破山门后，提杖走天涯。
> 见佛我就打，见神我就骂。
> 骂倒十万八千神和佛，
> 打成一片稀泥巴。

灰撒大寨·199

看来禅杖用处大，

可以促进现代化，

开遍大寨花。

前面几句都颇有激情，与画意也相符，最后一句突然扯到大寨，和鲁智深就风马牛不相及了。足见大寨在郭沫若心中的特殊地位。

郭沫若逝世于1978年6月12日。他临终时，中国还处在华国锋被人为神化、大寨被极力宣扬的舆论氛围中。他又能怎么想，怎么说呢？于立群的文章《化悲痛为力量》中说，"他用尽全身的力气嘱咐我："要相信党。要相信真正的党。要相信以华主席为首的党中央。'沫若的呼吸愈来愈急促，而他的神志却还是那样安详。万万没料到，这竟是他留下的最后几句话了"。周扬的文章《悲痛的怀念》

1978年6月12日16时50分，郭沫若因患肺炎医治无效，与世长辞，享年86岁

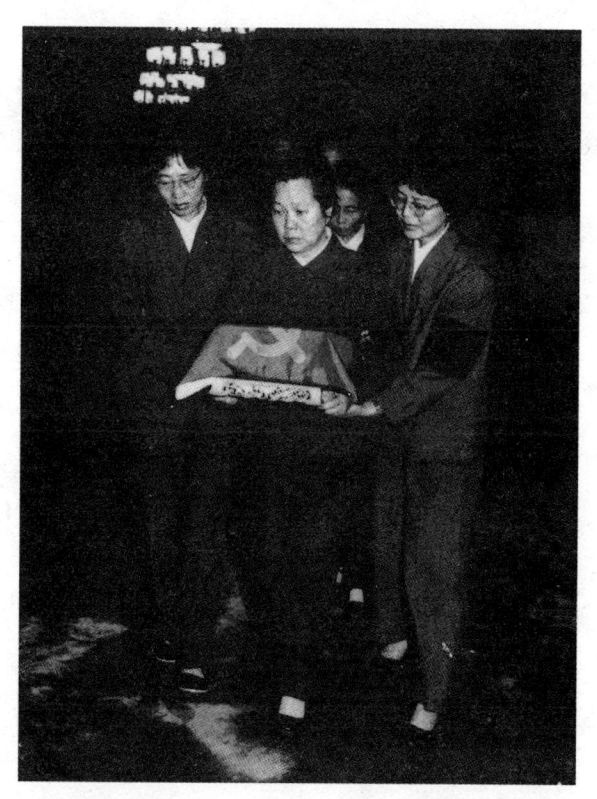

追悼会结束后,于立群暨子女手捧郭沫若的骨灰步出会场。郭沫若的骨灰按照他生前的意愿,将作为肥田粉,撒向大寨,去肥沃那里的大地,化作新的绿色的生命

中说,"到12日上午我再去看望郭老时,他已在弥留之际……于立群告诉我,郭老在昏迷中还念念不忘毛主席的教导,对以华主席为首的党中央表示无限的信任与拥护。"对郭沫若在弥留之际能否说出这么复杂的语言,研究者有不同看法。 然而,"东风新有主","齐奋勉,学英明领袖,治国抓纲"——郭沫若在他的最后年月,对华国锋保持与对毛泽东一样无保留的拥戴,却是事实。

这种政治上紧跟的心理，只是第一层。问题还有更深的一层。从20世纪40年代，毛泽东就提出了知识分子改造理论。中华人民共和国成立以后，一次又一次的运动使知识分子的原罪感日深一日。知识分子的出路，只有同工农相结合。郭沫若是从这些运动中一步一步带头走过来的。他是不是要以最后的行动，来证明自己工农化、劳动化的彻底性呢？虽然无法这样定论，但其间分明存在着这种逻辑关系。有一位名叫黎焕颐的先生就发表过这样的评论："是的，他的家乡——生命的原发地：峨眉山水，似乎都不在他的眼里，成了他的原罪之所，只有大寨这块被他目为至高无上的神许为农村样板的地方，才是他灵魂的归宿地。"[①]郭沫若逝世后不到两年，中国农村开始了大包干的改革。农业学大寨运动中的极"左"错误也开始纠正。陈永贵辞去了党和国家领导的职务，大寨走下了神坛，华国锋也离开了领袖的宝座。

灰撒大寨，对于大寨来说，的确是丰富了当地的旅游资源，但对于郭老本人来说，难免成为一个带有喜剧色彩的话柄。

---

① 黎焕颐：《一道畸形的文化风景线》，《随笔》，1998年第2期。

结束语

在20世纪的中国，郭沫若是一个产生了巨大影响的人物。说他是诗人、剧作家、散文家、历史学家、考古学家、古文字学家、书法家，说他是革命家、政治家、国务活动家，他都当之无愧。像他这样多才多艺的文化人是不多见的。然而在他的身后，对他的评价却引起了巨大争议。引起争议的原因，主要是在人格方面。

20世纪是一个政治斗争异常激烈异常复杂的世纪。中国知识分子不可避免地被卷入一次次政治斗争的旋涡之中，像郭沫若这样参与性很强的知识分子，更难以置身事外。郭沫若的文化生涯，正是伴随着复杂的政治斗争而展开的。他在北洋军阀统治时代登上文坛，经过蒋介石国民党统治时期，又进入毛泽东领导的新中国，逝世于毛泽东和邓小平交替的华国锋时期。在他的早年，对于政治权势，特别是对于蒋介石，是敢于蔑视、勇于抗争的。但自从加入了中国共产党领导的文化战线，尤其是抗日战争初期被共产党册封为文化旗手之后，他便成了党的喇叭。中国共产党在建党之初就建立了严密的组织纪律，在掌握政权以后，特别是在毛泽东的晚年，以党的领袖的是非为是非，对党的领袖言听计从，已经成为党内的基本秩序。不论领袖的意志是否正确，都要求全体党员和他保持一致。在这一点上，郭沫若不愧为一个忠诚的党员，不愧为党的机器上一个合格的螺丝钉。在他身后，得到党所给予的高度评价，也是顺理成章的。然而，郭沫若不仅是一个政治家、革命家，同时又是一个作家、学者，是一个知识分子，对于作家、学者、知识分子来说，历史评价还有另一重文化尺度。这种文化尺度不光是看他是否忠实于他所效力的政权和政权的最高领导人，还要看他的文化选择是否经得住历史的考验。知识分子是社会的良知，人格上应当保持独立，精神上应当追求自由，应当有对社会对人类的终极关怀。以这个标准来衡量，郭沫若的后半生就显得很悲哀了。

当然，责任不应当完全归咎于郭沫若个人。郭沫若的晚年，不幸地处于中国大陆知识分子整体上被改造，精神被阉割的严酷环境中。造成这种状况的原因，固然与中国的专制主义的传统和斯大林体制对中国的影响有关，更直接的原因是毛泽东的秦始皇情结，是他对知识和知识分子的总体偏见。遗憾的是，郭沫若的主导方面，不是疏离这种严酷的环境，而是顺应和强化着这种严酷的环境。虽然，作为科学界和艺术界的领导人，郭沫若也关心、爱护过一些科学工作者和艺术工作者，也有过一些推动和保护科学研究和艺术创作的举措，但是，从总体上讲，他还是成为知识界依附权势的标兵和表率。这就是他的身前身后引起了许多负面评价的基本原因。

这本小书，不是郭沫若的完整传记，也不是对郭沫若的全面研究，只是展示郭沫若人生长河中的若干侧面，思考他的文化选择和人格特征；并通过郭沫若的人生际遇，反思20世纪中国知识分子的生存环境，为21世纪的中国知识界留下一点启示和教训。

参 考 文 献

1. 《郭沫若全集》，人民文学出版社，1983年。
2. 《沫若诗词选》，人民文学出版社，1977年。
3. 郭沫若、周扬编：《红旗歌谣》，《红旗》杂志社，1959年。
4. 黄淳浩编：《郭沫若书信集》，中国社会科学出版社，1992年。
5. 黄淳浩编：《郭沫若自叙》，团结出版社，1996年。
6. 肖玫：《郭沫若》，文物出版社，1992年。
7. 《中国当代文学研究资料·郭沫若专集》，四川人民出版社，1984年。
8. 王训昭等编：《郭沫若研究资料》，中国社会科学出版社，1986年。
9. 龚济民、方仁念：《郭沫若传》，北京十月文艺出版社，1991年。
10. 黄侯兴：《郭沫若——青春型的诗人》，山东人民出版社，1994年。
11. 夏衍：《懒寻旧梦录》，三联书店，1985年。
12. 星村：《郭沫若的女性世界》，中国社会出版社，1996年。
13. 桑逢康：《郭沫若和他的三位夫人》，海南出版社，1994年。
14. 单演义、鲁歌编注：《鲁迅与郭沫若》，徐州师范学院学报

1979 年增刊。

15. 钱理群：《天地玄黄》，山东教育出版社，1998 年。

16. 旷新年：《革命文学》，山东教育出版社，1998 年。

17. 李书磊：《走向民间》，山东教育出版社，1998 年。

18. 季国平：《毛泽东与郭沫若》，北京出版社，1998 年。

19. 金达凯：《郭沫若总论》，台湾商务印书馆，1988 年。

20. 丁东编：《反思郭沫若》，作家出版社，1999 年。

21. 冯锡刚：《郭沫若的晚年岁月》，中央文献出版社，2004 年。

22. 郭庶英：《我的父亲郭沫若》，辽宁人民出版社，2004 年。

"可以触摸的民国"丛书

侧影系列

现实政治
作者:傅斯年
书号:978-7-224-10134-8
定价:32.00元

胡适曾说:"他能做最细密的绣花针工夫,他又有最大胆的大刀阔斧本领。"本书所选的傅斯年关注社会时政、反思国民性以及教育问题的文章,正是对这个评价最好的注脚。

上海下海:上海生活35年
作者:[日]内山完造
书号:978-7-224-10208-6
定价:28.00元

对于内山完造,鲁迅先生说其"廿年居上海,每日见中华"。在那场战争前后,他身边的日本平民、居于中国的日本人是怎样的状态与心态?在他与那些风云人物的接触中,又有着哪些史书记录之外的有趣细节?

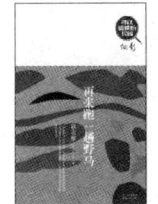

再来跑一趟野马
作者:徐志摩
书号:978-7-224-10272-7
定价:28.00元

本书中轻盈的笔调、飘然的文字、华丽的辞藻、铺张的描写,酣畅地表现了徐志摩"人类应该回归自然,与自然融合"的人与自然和谐相处的观点,其阶级立场和政治观点也显而易见。

人 话
作者:朱自清
书号:978-7-224-10217-0
定价:29.00元

在《人话》中我们串联朱自清的一生,搭建起他的"忆之路",感受他在《儿女》中对自己孩子的满怀疼爱,也与他一起在《白马湖》中借着对旧时光、老景致的回忆怀念故人……

我们病了怎么办
作者:徐志摩
书号:978 - 7 - 224 - 10300 - 7
定价:28.00 元

本书中徐志摩诗化了的散文,是他在与社会现实接触的过程中,"急不可待"的思想与情绪的表达和反映,表现了作者对于自己所生活时代的政治道路和民生民计的思考和触痛。

新学系列

民国元年:历史与文学中的日常生活
作者:颜 浩
书号:978 - 7 - 224 - 10236 - 9
定价:42.00 元

本书把文学引入历史叙述,细腻展现"民国元年"这个历史切片中的民间日常生活。贴近变革时代日常生活的"现场",回到那一个个普通人中间,去体会他们的忧惧、喜悦与悲伤。

近代史上的西南军阀
作者:江上苇
书号:978 - 7 - 224 - 10479 - 0
定价:39.00 元

蔡锷、唐继尧、龙云、卢汉、熊克武、刘存厚、刘文辉、田颂尧……这些后辛亥时代的西南军阀,曾经也充满着理想主义乃至浪漫主义的朝气,然而最终却沉沦于割据混战的泥潭。

一个时代的路标:蔡元培·陈独秀·胡适
作者:石钟扬
书号:978 - 7 - 224 - 10471 - 4
定价:39.00 元

蔡元培、陈独秀、胡适,以其各自的胆识与气度行在新文化运动与学生运动之中。五四后,他们又为"再造文明",尤其是制度文明,做出了中流砥柱式的贡献。

现场系列

走上不浪费不病民的大路
作者:胡 适
书号:978-7-224-10363-2
定价:42.00元

  本书结集了胡适的主要时政评论文章,不仅可以看到胡适先生的思想面貌,了解他对中国现代化之种种议题的观点与方案,还可以带领我们进入当时的语境,一起思索中国的前途与命运。

总统并非皇帝
作者:邵飘萍
书号:978-7-224-10364-9
定价:48.00元

  本书结集了邵飘萍的重要新闻报道与时评文章,记录报道了民初社会政治新闻事件,反映了当时的社会政治态势与言论实态,可说是一部"编年体"民国简史。

游民政治
作者:黄远生
书号:978-7-224-10442-4
定价:39.00元

  本书结集了黄远生的主要新闻作品,是国内首部正式出版的黄远生著作简体点校本。全面呈现了黄远生新闻思想的面貌,也反映了民初社会政治的种种乱象,是了解民初历史的第一手文献。

常识之无
作者:陈独秀等
书号:978-7-224-10441-7
定价:38.00元

  本书结集了《新青年》与《每周评论》上实时报道与现场评论文章。从中可看到民国新闻言论实态,及亲历者的"现场民国";亦可一瞥新文化运动兴起后,中国社会思想文化的发展。

细看系列

民国文人风骨
作者:韩石山
书号:978-7-224-10480-6
定价:39.00元

邵洵美、梁实秋、朱自清、吴虞……对十四位民国文人,作者以翔实史料为据,从小事、细节处剖析,娓娓道来。品评人物,不同流俗,不被定论所囿,也不人云亦云贴标签。

郭沫若的30个细节
作者:邢小群
书号:978-7-224-10495-0
定价:29.00元

本书展示了郭沫若人生长河中的若干侧面,思考了他的文化选择和人格特征,并通过他的人生际遇,反思20世纪中国知识分子的生存环境。

徐志摩的20个细节
作者:韩石山
书号:978-7-224-10494-3
定价:28.00元

徐志摩留给后人的遐想猜测极多,后人评述、争议不断。作者本着客观的原则,对徐志摩的悲情一生有着独到的认识和见解,为关心徐志摩的读者提供一份客观记述。

闻一多的18个细节
作者:谢 泳
书号:978-7-224-10544-5
定价:27.00元

闻一多本着不问世事的态度,却最终为政治所缠绕,成为民主斗士,最后在昆明被暗杀。本书以闻一多的思想为脉络,展示了他从一个诗人、一个知识分子到介入政治的变化过程。

出　　品:北京博闻春秋图书有限责任公司
地　　址:北京市复兴路甲38号嘉德公寓722室
邮　　编:100039
电　　话:010-88202398
邮　　箱:bwcq@163.com
微　　博:博闻春秋

欢迎扫描关注
博闻春秋微博